과거 현재 미래의 직업

역사로 보는 직업의 세계

과거 현재 미래의 직업
역사로 보는 직업의 세계

이은정 글 | 백두리 그림
처음 펴낸날 | 2018년 9월 20일
3쇄 펴낸날 | 2022년 3월 2일
펴낸이 | 박봉서
펴낸곳 | (주)크레용하우스
출판등록 | 제5-80호
주소 | 서울 광진구 천호대로 709-9
전화 | (02)3436-1711
팩스 | (02)3436-1410
홈페이지 | www.crayonhouse.co.kr
이메일 | crayon@crayonhouse.co.kr

글 ⓒ 이은정 2018
이 책에 실린 글과 그림은 무단 전재 및 무단 복제할 수 없습니다.
ISBN 978-89-5547-607-1 74080

이 도서의 국립중앙도서관 출판시도서목록(CIP)은 서지정보유통지원시스템 홈페이지(http://seoji.nl.go.kr)와
국가자료공동목록시스템(http://www.nl.go.kr/kolisnet)에서 이용하실 수 있습니다.(CIP제어번호: CIP2018028734)

과거 현재 미래의 직업

역사로 보는 직업의 세계

이은정 글 | 백두리 그림

크레용하우스

■ 작가의 말

'미래까지 이어질 현재의 직업은 뭘까? 현재 직업은 과거에 어떤 모습이었을까?'

이 책은 이러한 궁금증에서 시작되었어요. 직업에 대해 아는 것은 여러분의 미래를 위해 중요한 일이에요. 다양한 직업을 알 수록 선택의 폭이 넓어지거든요.

어느 날, 경찰과 검사 이야기에 푹 빠져 있던 딸 민영이가 이런 질문을 했어요.

"검사는 미래에도 인기 있는 직업일까요?"

이 책을 쓰던 중에 받은 질문이라 반가웠어요.

"미래에는 인터넷과 같은 네트워크를 이용한 범죄들이 많을 거야. 그래서 정보 보안 전문가라는 직업이 인기일 거야."

가만히 듣고 있던 민영이는 과거에 정보를 수집하는 직업이 있었냐고 물었어요. 물론이라고 답하면서 '이 책을 쓰길 잘했구나.' 라고 생각했어요.

지금 당장 무엇이 되고 싶은지, 좋아하는 일이 무엇인지, 어떤

일을 하고 싶은지 정하지 않아도 괜찮아요. 꿈과 직업을 찾는 일은 쉽지 않거든요.

  하지만 직업을 선택하는 것은 아주 중요한 일이에요. 꿈을 찾아 직업을 정하면 그 꿈을 이루기 위해 삶이 달라질 테니까요.

  미래를 잡고자 하는 친구들, 미래 직업이 궁금한 친구들에게 자신 있게 말할 수 있어요. 이 책이 여러분의 미래를 설계할 수 있는 기회를 줄 거라고요.

  이 책을 내는 데 도움을 주시고 격려해 주신 분들이 있어요. 졸린 눈을 비비며 초고를 읽느라 고생한 민영이, 2040년의 미래가 궁금하다는 민지, 그리고 정보를 찾기 위해 새벽까지 고생한 김양수 님께 감사의 말씀드립니다.

미래의 주인공이 될 여러분에게

이은정

차례

프롤로그 ... 8

우리 생활을 안전하게
1. 체두관 >>> 미용사 >>> 얼굴 인식 전문가 ... 12
2. 금화군 >>> 소방관 >>> 재난 재해 전문가 ... 24
3. 체탐인 >>> 검사 >>> 정보 보안 전문가 ... 37
4. 기찰포교 >>> 경찰관 >>> 범죄 과학 수사관 ... 50

우리 생활을 편리하게
1. 가마꾼 >>> 운전기사 >>> 자율 주행차 엔지니어 ... 64
2. 음양관 >>> 기상 캐스터 >>> 날씨 조절 관리자 ... 77
3. 훈장 >>> 선생님 >>> 로봇 트레이너 ... 89
4. 매분구 >>> 쇼핑 호스트 >>> 로봇 판매 전문가 ... 103

우리 생활을 풍요롭게

1. 의원 >>> 의사 >>> 기억 수술 외과 의사　　　118
2. 역관 >>> 외교관 >>> 과학 기술 협력 전문가　　131
3. 대령숙수 >>> 요리사 >>> 곤충 요리 전문가　　144
4. 호위 무사 >>> 경호원 >>> 유전자 상담사　　　156

우리 생활을 아름답게

1. 침모 >>> 패션 디자이너 >>> 스마트 의류 디자이너　　170
2. 도편수 >>> 건축가 >>> 녹색 건축 전문가　　182
3. 화원 >>> 화가 >>> 홀로그래피 전문가　　194
4. 사관 >>> 기자 >>> 디지털 고고학자　　207

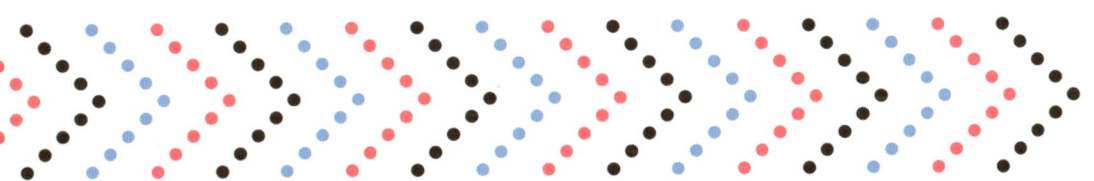

프롤로그

"이번 체험 학습은 기대해도 좋아요."

담임 선생님 말에 5학년 1반 아이들의 눈이 커졌어요.

"파워랜드로 가는 거예요, 선생님?"

아이들이 말을 맞추기라도 한 듯 한목소리를 냈어요. 파워랜드는 작년에 생긴 놀이동산으로 긴장감 넘치는 놀이 기구가 많은 곳이었어요.

"아니, 더 재미있고 짜릿한 곳이야. 미래 직업을 체험할 수 있는 곳이지."

아이들이 웅성거리자 선생님이 검지를 입에 대며 말했어요.

"이번 체험 학습 장소인 '꿈을 잡아라 체험 센터'는 세계 최초로 미래 직업을 체험할 수 있는 곳이야. 1가구 1로봇화가 된다는 2040년에는 어떤 직업들이 우리를 기다리고 있을지 알아보는 뜻 깊은 시간이 될 거야."

선생님은 이벤트에 당첨되어 5학년 1반이 참여하게 되었다는 말도 덧붙였어요.

"빨리 내일이 되면 좋겠어요!"

아이들은 기대감에 부풀었어요.

다음 날 아침, 5학년 1반 아이들이 버스에 올랐어요.

"꿈을 잡을 준비 됐나요?"

선생님의 물음에 "네!"라고 대답하는 아이들의 목소리가 버스를 가득 메웠어요.

꿈을 잡아라 체험 센터로 향하는 버스가 출발했어요. 미래 세상과 미래 직업을 엿볼 수 있다는 생각에 아이들의 어깨가 들썩들썩했어요.

"얘들아, 체험관에 도착하면 먼저 오늘날의 직업을 체험할 거야. 체험이 끝난 친구들은 스마트 도시로 향하는 안내판을 따라가서 미래 직업을 체험하도록 해."

버스가 꿈을 잡아라 체험 센터로 들어서자 여기저기서 환호성이 들려왔어요.

5학년 1반 친구들은 어떤 직업을 체험하게 될까요?

우리 생활을 안전하게

스마트도시

1. 체두관 >>> 미용사 >>> 얼굴 인식 전문가
2. 금화군 >>> 소방관 >>> 재난 재해 전문가
3. 체탐인 >>> 검사 >>> 정보 보안 전문가
4. 기찰포교 >>> 경찰관 >>> 범죄 과학 수사관

1 체두관 >>> 미용사 >>> 얼굴 인식 전문가

⏳ **과거**

체두관 >>> 상투를 자르다

"후유, 이 일을 어찌할꼬."

고종 임금은 잘린 상투를 보며 긴 한숨을 내쉬었어요. 일본의 강요와 개혁을 외치는 신하들로 인해 단발령을 시행해야 했기 때문이에요. 백성들의 반대를 예상한 고종 임금은 자신이 먼저 상투를 자르고는 단발령을 시행한다는 명령을 내렸어요.

"상투를 모두 자르라!"

백성들은 충격에 휩싸였어요. 당시 사람들은 부모에게서 받은 몸을 소중히 간직하는 것이 효도라 생각해 머리카락 한 올도 함부로 자르지 않았거든요.

체두관으로 임명된 사람들은 백성들의 상투를 잘랐어요. 백성들은 체두관을 피해 집으로 도망쳐 벽장이나 외양간으로 숨었어요.

한양은 잘린 상투로 인해 통곡하는 선비들과 농부들의 울음소리가 끊이질 않았어요. 울분을 참지 못해 스스로 목숨을 끊는 백성들도 생겼고 정든 집을 떠나 산속으로 숨어드는 백성들도 생겼어요.

단발령은 지방으로까지 퍼졌어요. 나라에서 여러 명의 체두관을 선발해 지방으로 파견했기 때문이에요. 강원도, 충청도, 경기도, 함경도까지 퍼져 나간 체두관들로 인해 상투를 지키려는 자와 자르려는 자의 쫓고 쫓기는 진풍경이 벌어졌지요. 참다못한 백성들은 단발령에 반대하는 저항 운동까지 펼쳤답니다.

과거의 직업 탐구

1895년 11월 상투를 틀던 풍습을 없애기 위해 한양에서 단발령이 시행되었어요. 나라에서는 관리나 병사, 순검들을 체두관으로 임명하여 단발령을 강행했지요. 체두관들은 칼과 가위를 가지고 도성 거리나 성문에서 백성들의 상투를 잘랐어요.
상투가 잘린 백성들은 창피하고 억울해서 시골로 내려가거나 집 밖을 나서지 않았어요. 그래서 빈 마을이 생기기도 했어요. 이후 고종 임금은 궁궐에 이발소를 만들고 전문 이발사를 두어 단발령을 유지했답니다.

⏳ 현재

미용사 >>> 머리로 패션을 완성하다

미용사 체험관으로 들어선 신해는 자신을 반기는 선생님을 만났어요.

"반갑다, 신해야."

선생님이 실습용 마네킹이 있는 탁자로 신해를 데려갔어요.

"요즘 미용실을 방문하는 사람들은 '연예인 누구처럼 해 주세요.'라고 하던데 신해는 어떠니?"

사람들은 자신에게 어울리는 머리 모양보다 유행하거나 닮고 싶은 연예인의 머리를 따라 할 때가 많대요. 선생님은 신해에게 미용사가 어떤 직업이라고 생각하는지 물었어요.

신해가 잘 모르겠다고 하자 선생님이 말했어요.

"미용사는 단순히 머리를 자르고 파마나 염색을 하는 사람이 아니야. 고객의 얼굴이나 머리 형태에 어울리는 머리 모양을 권해야 하고 고객의 모발 상태와 손상 정도를 확인해서 알맞은 방법으로 시술해야 해."

신해의 머리를 요리조리 살펴본 선생님이 말을 이었어요.

"신해는 머리숱이 많아서 층을 많이 내면 예쁠 것 같아."

선생님이 태블릿 피시로 다양한 머리 모양을 보여 주며 층을 내면 머리가 한결 가벼워지고 깔끔해 보인다고 했어요.

신해가 직접 해 보고 싶다고 하자 선생님이 가위를 쥐고 천천히 설명하며 마네킹에 시범을 보였어요.

신해도 선생님을 따라 마네킹 머리를 잘랐어요. 오른손으로 가위, 왼손으로는 마네킹 머리카락을 잡았지요. 망치면 어쩌나 하는 불안감은 가위가 사각거리는 소리에 묻히는 듯했어요. 신해가 '이렇게 하는 것이 맞나요?'라는 눈길로 선생님을 보았어요. 선생님은 고개를 끄덕이며 편하게 해 보라고 말했지요.

잘린 머리카락이 바닥으로 떨어졌어요. 시곗바늘이 움직이는 소리와 사각거리는 소리 외에는 아무 소리도 들리지 않았어요.

가위가 손에 익을 무렵 체험이 끝나 신해는 무척 아쉬웠어요. 엉성하긴 했지만 마네킹의 머리가 멋스럽게 변한 모습을 보니 뿌듯하기도 했고요.

신해는 아름다움은 머리에서 완성된다는 선생님 말을 마음에 담으며 체험관을 나왔어요.

미래
얼굴 인식 전문가 >>> 얼굴로 마음을 읽다

"침입자 발견! 삑! 삑! 삑!"

경고음이 복도를 가득 메웠어요. 스마트 도시 안내판을 따라 들어온 신해는 자신이 침입자가 된 상황에 한 발짝도 움직일 수 없었어요. 경고음에 놀란 사람은 신해뿐만이 아니었어요. 신해를 향해 급히 달려오는 선생님이 보였거든요.

"미안, 점보에게 미리 알렸어야 했는데."

선생님이 손목시계를 톡톡 두드리자 시끄럽게 울리던 경고음이 멈췄어요. 신해는 선생님을 따라 얼굴 인식 전문가 체험관으로 들어갔어요.

"점보, 오늘 체험 학생이야. 이름은 이신해. 열두 살이고 대한초등학교에 다닌단다."

신해는 점보를 찾기 위해 주위를 두리번거렸어요.

"열한 살 때 문화원 주관으로 실시했던 그림 대회에서 장려상을 받았습니다. 오전에는 미용사 체험을 했습니다."

어디에선가 목소리가 들려왔어요. 이곳저곳을 두리번거리는 신해에게 선생님이 천장에 있는 둥근 카메라를 가리키며 '얼굴 인식 카메라'라고 했어요.

"점보는 신원 확인이나 출퇴근, 등하교를 관리하는 로봇이야. 나는 얼굴 인식 전문가로 신해의 미래 직업 체험을 도울 거야. 얼굴 인식 전문가는 얼굴을 통해 사람의 마음을 읽어 내는 직업이란다."

신해는 점보가 자신에 대해 어떻게 알고 있는지 궁금했어요.

"점보의 정체가 궁금하구나."

선생님이 웃으며 말했어요. 그러면서 점보는 신해의 얼굴을 인식하고 온라인에서 신해와 일치하는 자료를 검색했을 거라고 했어요.

"점보는 카메라에 인식된 얼굴을 활용해 온라인에 퍼져 있는 고객의 정보를 검색해."

선생님은 휴대 전화와 태블릿 피시, 스크린 도어를 차례로 보여 주며 얼굴 인식 기술은 미래에서 흔히 볼 수 있는 생체 인식 기술이라고 했어요. 얼굴 인식과 지문, 홍채 인식은 보편화되고 생체 인식을 활용한 전자칩도 사용한다고요. 신해가 나타나자 침입자라고 경고한 것도 인식되지 않은 얼굴이기 때문이었어요. 이러한 생체 인식 기술을 보안에 활용해 낯선 사람의 방문이나 도둑으로부터 자신과 집을 안전하게 지킨대요.

"사람의 몸속에 삽입하는 생체 인식 전자칩에는 신분을 확인할 수 있는 유전자 정보가 저장되어 있어."

신해는 생체 인식 기술이라는 낯선 기술이 실생활에 유익하게 활용된다는 것이 놀라웠어요.

"얼굴 인식 전문가는 얼굴 근육의 움직임을 분석해 겉으로 드러나지 않는 감정을 읽어 내. 눈꺼풀의 움직임을 파악해 졸음운전을 방지할 수도 있어."

선생님이 영상을 보여 줬어요. 생체 인식 기술을 활용하고 있는 백화점이었어요. 매장을 오가는 사람들의 얼굴에 네모가 표시되고 어떤 매장과 상품에 관심을 보였는지 그래프가 나타났어요.

"고객의 얼굴을 인식해 쇼핑 유형을 파악하고 이것을 데이터베이스로 만들면 매출을 향상시키는 데 도움이 된단다. 표정을 분석해 감정까지 읽어 낸다면 사람들이 필요로 하는 제품이나 서비스를 개발하는 데도 도움이 되지."

이번에는 선생님과 함께 엘리베이터를 타고 23층으로 갔어요.

작은 백화점처럼 꾸며진 곳이었어요. 선생님과 신해는 입구에 설치된 신분 인식 시스템을 통과했어요.

"신분 인식 시스템을 통과하면 얼굴과 휴대 전화, 신용카드 등을 조회해 관심을 보였던 상품 위주로 정보를 제공해."

신해가 팬시점에 눈길을 주자 팬시점 대형 광고판에 신애가 좋아하는 캐릭터 인형의 광고가 나왔어요.

"지금 보고 있는 기술이 얼굴 인식을 마케팅에 활용하는 기술이야."

"쇼핑에 아주 유용하겠는데요."

신해 말에 선생님은 쇼핑뿐만 아니라 범죄 예방에도 얼굴 인식 기술을 활용할 수 있다고 했어요.

"소매치기나 도둑, 살인자가 얼굴에 '나 나쁜 사람이에요.'라고 써 붙이고 다니지 않으니까."

그래서 얼굴 인식 전문가는 범죄자들의 얼굴을 다양한 방법으로 연구하고 있다고 했어요. 범죄를 저지르기 전 얼굴에 어떤 신호가 있을 거라고요.

"얼굴 인식 전문가가 되려면 관찰력이 뛰어나야겠어요."

선생님이 고개를 끄덕이며 말했어요. 관찰력뿐만 아니라 인간에 대한 이해와 더불어 심리학 그리고 영상 처리와 그래픽 공학에 대해 알면 도움이 될 거라고요.

신해는 얼굴 인식 전문가들이 범죄 신호를 세상에 빨리 알려 주면 좋겠다고 생각했어요. 자신과 같은 어린이들이 스스로를 지킬 수 있게 될 테니까 말이에요.

미래의 직업 탐구 — 얼굴 인식 전문가

얼굴에 나타난 특징을 데이터베이스로 만들어요. 그 데이터베이스를 기반으로 얼굴에 드러난 감정을 읽어 사람들이 필요로 하는 제품이나 서비스를 개발하고 정보를 제공해요. 또한 얼굴 인식 기술은 보안 시스템과 범죄 예방에도 활용한답니다.

얼굴 인식 전문가는 감성과 기술이 융합된 분야인 만큼 날카로운 관찰력을 가진 사람에게 유리해요. 사람에 대한 호기심을 기르고 복합적이고 유연하게 생각하는 자세가 필요해요.

유사 직업

생체 인식 전문가
지문, 홍채, 땀샘 구조, 정맥 등 개인만의 독특한 생체 정보를 추출해 정보화시켜 식별하는 시스템을 만드는 사람이에요.

감성 인식 기술 전문가
인간의 여러 감성을 인지할 수 있는 컴퓨터 센서 기술을 개발해 각각의 상황에 맞게 적절히 처리하도록 연구해요. 예를 들어 센서를 통해 스트레스를 감지하고 발병 질환까지 예방할 수 있도록 연구하지요.

비전 인식 전문가

자율 주행 자동차나 로봇 등이 도심이나 가정에서 수신호나 차선 등 각종 영상 데이터를 인식하고 의미를 해석할 수 있도록 알고리즘을 개발해요. 인공 지능과 더불어 영상 데이터도 미래에 더욱 중요해질 거예요.

생체 인식 기술

생체 인식 기술은 개인의 고유한 신체적 정보를 추출해서 본인 여부를 판별하는 기술로 홍채, 얼굴, 목소리, 지문, 정맥 등을 이용해요. 신체적 정보로 특정 대상을 구분할 수 있어야 하기 때문에 변하지 않고 변경할 수 없는 생체 정보를 사용하지요.

보안적으로 안전하고, 복잡한 비밀번호 없이도 본인 인증을 할 수 있어 편리하지만 개인 생체 정보가 유출됐을 때는 더 복잡하고 위험한 문제가 생길 수 있다는 우려도 있답니다.

2 금화군 >>> 소방관 >>> 재난 재해 전문가

⏳ 과거
금화군 >>> 화재로 태어나다

　1426년 2월 15일, 세종 임금이 사냥을 위해 궐을 비운 사이 한양에는 알 수 없는 화재가 일어났어요. 불은 바람을 타고 한양 일대로 번졌어요.

　코와 입을 막은 아이들이 불을 피해 달아났어요. 불길 속에서 뛰쳐나오는 사람들의 비명이 한양에 울려 퍼졌어요. 몇몇 사람들은 손에 잡히는 그릇을 들고 우물가로 달려갔어요. 옷을 벗어 불길을 향해 내리치는 사람들도 보였지요. 한양에 불이 났다는 소식이 궁궐까지 퍼졌어요.

　"군관들은 속히 출동하라!"

　군관들과 백성들은 재빨리 움직이며 불을 껐어요. 쇠갈고리를 든 군관들이 지붕에 올라 기와를 걷어 불을 잡았고 장대 끝에 젖은 천을 매달아 불을 껐어요. 마을 사람들은 불을 향해 물에 적신 옷과 이불 등을 휘둘렀지요. 그러나 이들의 노력에도 불길은 쉽게 잡히지 않았어요. 불길이 거세지면서 검은 연기가 하늘을 덮었어요. 군관들 중에는 몸에 불이 붙어 바닥을 뒹구는 사람도 있었어요.

불은 하루를 넘겨서야 잦아들었어요. 2천여 채의 집을 태우고 30여 명의 사람이 죽고 말았죠. 세종 임금은 소방관청인 금화도감을 설치하고 불 끄는 군관에게는 금화군이라는 명칭을 부여했어요.

금화군들은 불이 난 곳에 빨리 도착하는 방법을 익히며 불 끄는 연습을 했어요. 물을 길어다 주는 노비인 급수비를 두어 체계적으로 훈련했고 한양을 순찰하기도 했지요. 이후 한양은 금화군들이 떡하니 버티고 있어 화재가 크게 발생하지 않았어요.

과거의 직업 탐구

금화군은 불을 없애는 군사라는 뜻이에요. 금화군은 세종 임금 때 한양에 큰 불이 나면서 이를 진압하기 위해 설치한 금화도감에서 유래를 찾을 수 있답니다. 금화군은 불이 난 곳이면 어디든지 달려가 불을 껐어요.

그러나 금화군이라는 명칭은 오래가지 못했어요. 세조 임금이 금화도감을 수성금화사로 바꾸면서 불을 멸하라는 뜻인 멸화군으로 명칭을 변경했기 때문이에요. 멸화군은 50여 명이 24시간 대기하며 불을 끄거나 도성을 순찰했어요. 멸화군에게는 도끼와 동아줄, 쇠갈고리가 지급됐어요. 더 큰 화재로 번지지 않도록 불이 난 집을 철거할 때 사용하는 도구들이었지요.

현재
소방관 >>> 불을 끄고 사람을 구하다

소방관 체험관에 도착한 율이는 선생님을 따라 상황실로 들어갔어요.

"이곳은 상황실이야. 각종 신고 전화를 받는 곳이지."

선생님 말이 끝나자마자 사이렌 소리가 울렸어요.

"화재 발생 사이렌이야. 모두 소방차로 이동한다."

선생님이 소리쳤어요. 율이는 선생님을 따라 주차장으로 달렸어요. 주차장에는 출발 준비를 마친 소방차가 대기하고 있었어요. 차에 탄 율이에게 선생님이 방화복과 안전화를 주며 빨리 입으라고 했어요. 율이가 옷이 무겁고 뻣뻣하다며 투덜대자 불편해도 입어야 한다고 했어요. 소방관의 몸을 보호해 주는 옷이기 때문이지요.

"종로 3가의 만화 카페에서 화재 발생. 화재 진압 대원들은 개인 안전 장비를 착용하고 2인 1조로 움직이기 바란다."

무전 소리가 현장에 도착하기 전까지 이어졌어요. 화재 현장에 대한 정보를 제공해 소방관들이 현장 상황을 정확히 알고 빠르게 대처할 수 있도록 도왔어요.

현장 도착 1분 전이라고 하자 선생님은 재빠른 손놀림으로 율이에게 헬멧을 씌워 주고는 장갑과 경보기를 주었어요. 경보기는 위험한 상황에 처했을 때를 대비해 가지고 있어야 한대요.

사고 현장은 시뻘건 불이 솟아오르고 잿빛 연기가 자욱했어요. 체험 학습이라 그림이나 조그만 불일 거라고 생각했던 율이는 놀라서 입을 다물지 못했어요. 차에서 내린 율이는 뜨거운 열기가 훅 전달되자 무섭다는 생각이 밀려와 한 걸음도 떼지 못했어요.

"수관을 잡고 불길을 향해 정확히 맞춰야 해."

선생님이 율이에게 수관을 건네주었어요. 율이는 눈을 꽉 감았다 뜨고는 수관을 불길 쪽에 맞추었어요. 수관을 통해 빠르게 빠져나온 물이 불길을 향했어요. 율이의 몸이 휘청했어요. 한참 동안 불과의 사투를 벌인 끝에 불길이 잦아들었어요.

"저는 불 끄는 게 재미있을 것 같았는데 힘든 직업이라는 생각이 들었어요. 체력도 강해야 하고 무엇보다 희생과 봉사 정신으로 무장한 사람만이 할 수 있을 것 같아요. 그리고 앞으로는 절대 소방서에 장난 전화도 안 할 거예요."

율이가 말했어요. 그러자 선생님이 율이의 머리를 쓰다듬으며 미래 직업 체험도 즐겁게 하라고 했어요.

미래
재난 재해 전문가 >>> 재난을 책임지다

"찌잉" 하는 소리와 함께 엘리베이터 문이 열리더니 2040이라고 적힌 표지판이 보였어요.

"스마트 도시에 온 걸 환영한다. 이곳은 미래를 경험할 수 있는 체험관이야."

어리둥절한 율이에게 안경 쓴 여자 선생님이 말했어요.

"오늘 율이가 체험할 직업은 재난 재해 전문가야. 반갑다."

율이가 선생님을 따라 이동한 곳은 재난 재해 전문가 체험관이었어요. 선생님은 여러 개의 모니터 앞에서 재난 사고에 관한 영상을 보여 주며 말했어요. 집중 호우나 태풍, 한파, 폭염과 각종 재난 사고를 대비하고 대처하기 위해 재난 재해 전문가들이 꼭 필요하다고요.

"재난을 예측·대비하고 복구 절차에 대한 대책을 세우는 사람을 재난 재해 전문가라고 해."

율이는 모니터가 많은 이유를 물었어요. 선생님은 도로와 상하수도, 전기, 가스와 송유관 등의 도시 시설물과 전국의 날씨 변화를 관찰하기 위해서라고 했지요. 방을 둘러보던 율이는 한쪽 벽에 있는 다른 모니터도 궁금했어요.

"이건 병원 응급실에서 많이 보던 그래프 같아요, 선생님."

율이가 모니터 속에서 끊임없이 움직이는 그래프를 손가락으로 가리키며 말했어요.

"지진 관측 그래프란다."

"지진이요?"

율이가 되묻자 선생님이 설명했어요.

"우리나라도 이제 지진으로부터 안전하지 않다는 건 알지?"

선생님은 경주와 포항에서 일어났던 지진에 대해 말해 줬어요. 그러고는 지진 관측을 통해 지진 발생 여부를 미리 알 수 있다고 했어요.

"그래프에 작은 파형들이 주기적으로 나타나면 큰 지진이 일어날 수 있다는 신호야. 재난 재해 전문가들은 이러한 전조 증상을 파악해 지진을 예측한단다. 30분 후에 지진 안전 대피 훈련이 있을 예정이야. 그때 미래의 재난 대처에 대해 알아보기로 하자."

율이는 중앙에 전시되어 있는 도시 모형에 대해 물었어요.

"스마트 도시란다. 스마트 도시는 어디에서나 첨단 정보 통신 기술을 자유롭게 사용할 수 있는 미래형 도시야. 지능형 CCTV는 주변의 위험 상황을 감지해 즉각적으로 신고하고 영상을 보내 범죄나 재난을 예방하고 최소화할 수 있도록 돕는단다. 주차장에 붙여진 센서는 주차장의 빈 곳을 감지해 운전자들에게 알려 줘. 스마트폰을 활용해 밖에서 전자기기들을 조종할 수 있고 집 안

곳곳을 살펴볼 수도 있어서 생활이 편리해지지."

선생님이 율이에게 미래 재난을 예측한 보고서를 보여 줬어요.

"미래 재난은 사회적인 요인이나 환경 변화의 영향으로 이전까지 경험하지 못했던 새로운 형태의 재난 혹은 재난이 결합되어 복합적인 형태로 발생하는 것을 말해. 예를 들면 해일과 함께 대형 태풍이 발생하는 거지."

이러한 미래 재난을 해결하기 위해 국민 안전처에서는 전문가들을 모아 자문단을 만들었대요. 자문단은 사회, 경제와 과학 기술, 기후와 환경, 보건 의료 등 각 분야의 미래 재난 전망 보고서를 작성해 향후 10년 동안 발생 가능성이 높은 재난에 대해 대처 방안을 논의한다고 해요.

"재난을 미리 대비할 수 있는 미래는 생각보다 더 안전한 것 같아요."

율이가 말을 마치자 "애앵 애앵!" 하는 사이렌 소리가 크게 들렸어요. 선생님이 지진 안전 대피 훈련이 시작됐다며 지진 관측 그래프가 있는 곳으로 이동했어요. 울진 지역이 확대되고 재난 방송이 시작됐어요.

"울진에서 지진파가 감지됐어요. 방사성 기체 감지 장치로 확인해 봐야겠지만 지진이 일어날 확률이 높아요. 만약의 사태를 대비해 지진파가 감지된 곳에 대피 명령을 내려야 합니다."

선생님이 스마트 안경을 쓰고 안경테를 톡톡 두드리자 방 가운데에 재난 연구소 원장님이 홀로그램으로 등장했어요.

"지진 발생 예상 지역에 대피 명령을 내렸네. 시민들은 대피 지침에 따라 안전한 곳으로 이동할 테고 해안가의 배들도 조업을 중단할 테니 안전할 거야. 만일의 사태에 대비해 재난 로봇들을 준비시키도록 하겠네."

원장님이 대답했어요.

원장님의 말을 듣던 율이가 선생님에게 재난 로봇에 대해 물었어요.

"재난 로봇은 재난 지역 구호를 위해 개발된 로봇이야. 인명 피해가 발생할 수 있는 위험한 곳에 투입되지."

선생님은 붕괴된 건물이나 산사태가 일어난 지역을 신속히 수습하기 위해서 원격 제어 기술을 활용한다고 했어요. 더불어 과학 기술과 로봇 기술의 융합이야말로 재난 재해에 필수적이라는 설명도 덧붙였고요. 재난 로봇들이 울진으로 모여드는 모습을 보며 선생님이 말했어요.

"재난 재해 전문가들은 언제 닥쳐올지 모를 위기에 대비하고 재난 확산을 방지하기 위해 노력하고 있어. 또한 재난 발생 시 쉽고 빠르게 복구할 수 있는 방법도 연구하고 있단다."

율이는 생각했어요. 재난에 대비하는 전문가들이 있기에 우리의 미래가 밝고 안전할 거라고 말이에요.

미래의 직업 탐구 — 재난 재해 전문가

뜻밖에 일어난 대형 사고, 국가의 생존을 위협하는 질병, 각종 자연재해 등 재난의 원인을 분석하고 문제점을 파악해요. 재난을 미리 예측·대비·관리하고 복구 대책도 세우지요.

재난 재해 전문가가 되려면 사회와 각 지역에 대한 관심이 필요해요. 다양한 재난의 종류와 원인, 대처 방법을 연구해야 하므로 분석적으로 사고하는 것이 좋아요. 또한 빠른 판단력과 투철한 책임감도 가져야 한답니다.

유사 직업

사이버 군인
정보화 시대에는 군사력에도 정보 통신 기술이 많은 비중을 차지해요. 국가적으로 이루어지는 사이버 해킹, 디도스 공격, 바이러스 유포 등 다양한 사이버 테러를 막기 위해 군사용 소프트웨어를 개발한답니다.

기업 재난 관리사
기업을 운영하다 보면 예상치 못한 비상 상황에 놓이게 될 때가 있어요. 감당하기 힘든 상황이 발생하면 단 한 번만으로도 기업의 존립이 어려워질 때가 있거든요. 기업 재난 관리사는 기업이 대형 사고나 피해를 최소화하고 사고 시 대책을 수립하도록 관리하는 사람이에요.

지하 시설물 IT 안심 관리자
길을 걷는 중 갑자기 싱크홀이 발생하면 큰일이겠죠. 지하보도, 지하 주차장, 지하철과 같은 지하 시설물에 센서나 레이더 스캐너를 장착해 눈으로 확인할 수 없는 지하 균열 등을 미리 파악하고 대비하는 직업이에요.

스마트 도시

도시의 모든 시설에 정보 통신 기술(ICT)과 사물 인터넷(IoT)을 도입하여 교통, 환경, 주거와 관련된 문제를 해결해 시민이 편리하고 쾌적한 삶을 누릴 수 있도록 만든 미래형 도시예요.

도로, 항만, 수도, 전기, 학교 등 도시의 인프라를 효율적으로 관리하고 공공 데이터를 수집·활용해 새로운 가치를 창출해요. 사물 인터넷의 발달로 도시 내 자동차와 가로등, 그리고 CCTV와 우체통까지 모든 사물은 기온, 습도 등 정보를 감지할 수 있는 센서를 장착하고 통신 기능을 갖춰요. 그리고 기상청, 경찰서, 소방서 등 공공 기관의 데이터를 수집해 시민들에게 다양한 서비스를 제공해요. 여러분이 살게 될 스마트 도시, 정말 멋지지 않나요?

3 체탐인 ⟫⟫ 검사 ⟫⟫ 정보 보안 전문가

⌛ 과거
체탐인 ⟫⟫ 스파이가 되다

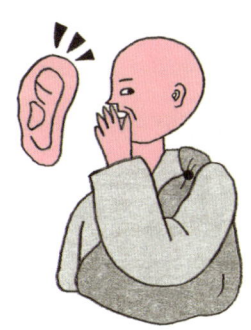

고구려의 장수왕은 백제의 개로왕이 고구려를 공격할 거라는 사실을 알고는 크게 분노했어요. 장수왕은 전쟁에 앞서 백제의 상황을 파악하는 것이 먼저라 생각하고는 백제로 보낼 첩자를 은밀히 알아보라 명령했지요.

"비록 중이기는 하나 기회를 주신다면 나라에 보탬이 되고자 합니다. 제가 백제로 갈 수 있도록 허락해 주십시오."

도림 스님이 장수왕을 만나 말했어요.

그렇게 백제에 도착한 도림 스님은 개로왕이 바둑을 좋아한다는 것을 알아내고 백제를 떠돌며 바둑을 두었어요. 바둑은 도림이 최고라는 소문이 궁궐까지 퍼졌지요. 개로왕은 즉시 도림 스님을 불렀어요. 개로왕은 좋은 바둑 상대를 만났다고 기뻐하며 궁궐에 자주 들르라 했어요. 도림 스님은 개로왕이 자신을 믿게 되자 조심스럽게 말을 건넸어요.

"백제는 산과 강으로 둘러싸여 적의 공격이 쉽지 않습니다. 더욱이 대왕의 탁월한 지도력으로 인해 백제인들뿐만 아니라 다른 나라 백성들조차 백제를 섬기기를 원하고 있지요. 그런데 한 가지 아쉬운 것은 그에 비해 궁궐이 작고 초라하다는 것입니다. 이번 기회에 궁궐을 재건하여 대왕의 위엄을 보여 주시는 게 어떨는지요."

개로왕은 도림 스님의 꾀에 넘어가 공사를 시작했어요. 백성들로 하여금 웅장한 궁궐을 짓도록 했지요.

백성들은 공사 때문에 농사지을 짬조차 없었지요. 그러자 식량이 줄어 군대에 군량 보급이 제대로 이루어지지 않았어요. 계획대로 백제가 위태롭게 되자 도림 스님은 백제를 빠져나와 고구려로 향했어요. 그러고는 장수왕에게 지금이 백제를 무너뜨릴 기회라고 말했어요.

장수왕은 즉시 군사를 불러 모았어요. 그러고는 백제에 총공격을 퍼부었어요. 개로왕은 도림 스님의 꾀에 넘어간 것을 알았지만 뒤늦은 후회였답니다.

과거의 직업 탐구

첩자는 한 나라의 비밀이나 상황을 몰래 알아내 다른 나라에 제공하는 사람이에요. 조선 시대에는 체탐인으로 불렸어요.

세종 실록에 의하면 세종 대왕 때 명나라 국경을 비밀리에 넘나들며 여진족의 동태를 파악할 목적으로 체탐인을 두었다고 해요. 체탐인은 여진족의 정보를 수집해 조선에 보고했어요. 조선에서는 이 정보를 바탕으로 국방을 튼튼히 하고 여진족의 침략도 막았답니다.

현재

검사 >>> 정의를 지키다

민영이는 어떤 직업을 선택해야 할지 난감했어요. 한참을 고민하던 민영이는 검사 체험관으로 향했어요. 체험관에 들어서자 양팔 저울과 책을 든 여인의 동상이 보였어요.

"정의의 여신상이야."

체험관 선생님이 다가와 말했어요. 정의의 여신상은 법은 모든 사람에게 공정하고 공평해야 한다는 의미를 담고 있대요.

"민영이는 검사에 대해 얼마나 알고 있니?"

선생님이 물었어요.

"솔직히 잘 몰라요."

선생님은 검사에 대해 자세히 설명했어요.

검사는 범죄 사건을 해결하기 위해 수사하고 법원에 재판을 청구하여 집행한대요. 사건의 범죄 여부를 판단하기 위해 법원에 피의자(범죄 의심을 받고 있는 자)를 기소하여 사건에 적용할 법적 문제도 검토하고요.

체험관을 둘러보던 민영이는 검사복을 보며 말했어요.

"앗, 저 옷 텔레비전에서 본 거 같아요."

선생님은 검사들이 재판할 때 입는 법복이라며 입어 보라고 했어요. 법복을 입은 민영이는 자신이 정말 검사가 된 듯 저절로 허리가 꼿꼿해졌어요.

"선생님, 검사도 경찰처럼 범죄 현장에 가서 수사하고 잠복근무도 하나요?"

민영이 질문에 선생님이 고개를 저으며 말했어요.

"검사와 경찰 모두 국민의 안전을 위해 법을 집행해. 하지만 검사는 전체 수사를 지휘하거나 계획하고 실제 범인은 경찰이 잡

아. 검사는 경찰이 수사한 내용으로 법에 어긋나는지를 따져 재판에서 죄를 묻지."

선생님을 따라 들어간 곳은 모의 법정이었어요.

"이곳은 실제 법정과 비슷하게 만들어 놓은 모의 법정이야. 모의재판 프로그램을 통해 직접 재판을 체험할 수 있단다."

모의 법정은 텔레비전에서 보던 법정과 똑같았어요. 판사석 앞으로 피고인석과 검사석, 증인석이 있고 그 뒤로 방청석이 보였어요. 민영이는 검사석에 살포시 앉아 보았어요.

그리고 자리를 옮겨 심청전 모의재판에서 심청을 산 청나라 상인들에 대한 판결을 보았어요. 판사는 검사의 기소대로 청나라 상인들에게 유죄를 내렸어요. 귀중한 생명을 가진 사람을 거래한 것도 모자라 바다에 빠뜨린 청나라 상인들은 인신매매와 살인 미수 죄를 적용해 처벌한대요.

모의재판을 보던 민영이는 얼마 전 읽었던 장발장이 생각났어요. 체험을 마친 민영이가 선생님에게 말했어요.

"선생님, 다음에는 저도 모의재판에서 장발장이 무죄라는 것을 증명해 보고 싶어요."

민영이는 다짐하며 모의 법정을 나왔어요.

미래
정보 보안 전문가 >>> 블랙 해커를 잡는다

스마트 도시의 문을 연 민영이는 어디로 가야 할지 난감했어요. 여러 개의 문이 있었거든요. 민영이가 한숨만 내쉬고 있을 때 휴대 전화가 울렸어요. 전화를 받으니 자신은 정보 보안 전문가라며 제시되는 퀴즈를 풀어야 체험관에 들어올 수 있다고 했어요. 전화를 끊자 민영이 앞에 홀로그램이 나타났어요.

"화이트 해커를 정보 보안 전문가라고 한다."

"블랙 해커를 정보 보안 전문가라 한다."

민영이는 정보 보안 전문가라는 직업도 낯설었고 화이트 해커와 블랙 해커라는 단어도 처음이었어요.

'어느 것을 고를까요. 알아맞혀…….'

민영이는 속으로 노래를 부르다가 고개를 저었어요. 그리고 고민 끝에 화이트 해커를 골랐어요. 손으로 화이트 해커 쪽을 터치하자 홀로그램이 사라지며 문이 열렸어요.

"화이트 해커라고도 불리는 정보 보안 전문가가 일하는 곳이란다."

민영이를 반갑게 맞아 준 선생님이 사이버 테러와 해킹 공격을 막는 것이 정보 보안 전문가들의 일이라고 했어요.

"해킹이 뭐예요?"

선생님은 컴퓨터나 네트워크의 취약한 보안망을 통해 불법적으로 접근하거나 시스템에 유해한 영향을 끼치는 것이 해킹이라고 설명했어요.

"쉽게 말하면 다른 컴퓨터에 허락 없이 불법으로 침입하는 걸 말해."

민영이가 "도둑이랑 똑같은 거네요."라고 하자 선생님이 하하하 웃었어요. 민영이는 블랙 해커들이 하는 일이 궁금했어요.

블랙 해커는 상대의 컴퓨터에 무단으로 침입해 악성 코드에 감염시켜 중요한 정보를 빼내거나 삭제해 심각한 피해를 입힌다고 해요. 또한 감염된 컴퓨터와 네트워크로 연결된 다른 기기들까지 조종하면서 돈을 벌거나 사회를 어지럽힌대요.

"개인의 주민 등록 번호와 전화번호, 통장 계좌 번호와 같은 정보가 유출되면 사회 전체가 혼란스러워질 수 있기 때문에 나 같은 화이트 해커가 필요한 거야."

"화이트 해커는 블랙 해커를 어떻게 막아요?"

민영이가 물었어요.

"컴퓨터와 네트워크는 컴퓨터 언어로 프로그래밍되어 작동돼. 아무리 꼼꼼하게 프로그래밍해도 보안에 문제가 있을 수 있지. 화이트 해커는 내가 만약 블랙 해커라면 어떤 부분을 공격할지를 예상해 공격하는 거야. 그리고 의도대로 보안이 뚫려 공격에 성공하면 개발자에게 공격에 대한 내용을 알려 줘. 그래야 취약점을 보완할 수 있거든. 또 다른 일은 사이버 공간에 떠돌아다니는 악성 코드를 발견해 분석하고 문제를 해결할 실마리를 찾아내는 거야."

선생님의 설명을 들은 민영이는 화이트 해커가 대단해 보였어요. 그리고 만약 화이트 해커가 없다면 인터넷에서는 매일이 전쟁일 거라는 생각도 했어요.

"요즘은 가상 화폐를 해킹하려는 블랙 해커들로 인해 인터넷이 시끌시끌하단다."

"가상 화폐요?"

민영이가 되물었어요.

가상 화폐는 사이버상으로만 거래되는 전자 화폐로 지폐나 동전과 같은 실물이 없는 돈이래요.

"요즘 많은 관심을 받고 있는 가상 화폐는 비트코인이야. 비트코인은 은행을 거치지 않고 개인과 개인이 직접 돈을 주고받는 방식이야. 거래가 이뤄질 때 공개된 장부에 새로운 거래 기록이 추가되는데 이것을 블록 체인 기술이라고 해."

화이트 해커들은 사이버상의 안전한 거래를 위해 블록 체인 기술을 향상시키기 위해 노력한대요.

"선생님, 궁금한 것이 하나 있는데요, 휴대 전화나 컴퓨터를 사용할 때 악성 코드나 블랙 해커의 공격을 미리 막을 수는 없는 건가요?"

민영이가 조심스럽게 물었어요.

"당연히 있지. 우선 보안 프로그램을 설치해야 해. 그리고 가끔 보안 프로그램을 업데이트하라는 메시지가 뜨지?"

민영이가 고개를 끄덕이자 선생님은 공격당하기 쉬운 부분에 대해 추가로 보완한 것이니 꼭 업데이트하라고 했어요.

정보 보안 전문가는 정보 보안 해결책을 연구하는 분야와 모의 해킹 분야가 있대요.

"미래에는 정보 전쟁이 치열하기 때문에 기업이나 기관에서 꼭 필요로 하는 인재가 바로 정보 보안 전문가야. 민영이도 화이트 해커의 길을 걸어 보지 않겠니?"

 선생님이 말했어요.

 체험관을 나온 민영이는 선생님의 말이 머릿속에 계속 맴돌았어요. 미래의 정보를 지키고 싶다는 생각과 잘할 수 있을까란 생각이 교차되며 민영이를 설레게 했어요.

미래의 직업 탐구 — 정보 보안 전문가

컴퓨터 시스템을 보호하고 해킹을 예방하고 대응하며 추적해요. 네트워크를 이용해 보안 시스템을 설계하고 구축해요. 컴퓨터상에 있는 정보를 함부로 볼 수 없도록 인증 시스템을 만들어 접근을 제한하고 바이러스를 차단하는 백신 프로그램도 만들지요.

정보 보안 전문가가 되려면 다양한 컴퓨터 지식이 필요해요. 당연히 컴퓨터 프로그래밍에 관심이 있어야 하고 탐구력과 인내심을 갖추면 더 좋답니다. 또 윤리성을 가져야 한답니다.

유사 직업

사이버 평판 관리자

개인이나 기업의 온라인 평판을 관리하고 인터넷에 떠도는 나쁜 평판을 확인해 긍정적으로 복구하는 일을 해요.

네트워크 엔지니어

각종 하드웨어 및 소프트웨어에 관한 네트워크 시스템 분석과 설계 및 구축에 관한 업무를 해요. 개인이나 기업 내의 네트워크 시스템이 원활하도록 만들지요.

보안 컨설턴트

기업 보안의 취약점을 찾아내 이에 적합한 정보 보호 시스템을 수립해요. 기업별 맞춤 보안 전략으로 안정적인 비즈니스 환경을 구축하고 기밀 유출을 막아요.

블록 체인

블록 체인은 개인과 개인의 거래 데이터가 기록된 블록들이 사슬(체인) 형태로 묶여 있는 방식이에요. 사용자의 거래 내역 등을 네트워크로 분산해 저장하는 기술이라고 할 수 있죠. 데이터가 여러 사용자들에게 분산 저장되기 때문에 해킹이 불가능하며 은행과 같은 중앙 관리자 역할도 필요 없어요. 신뢰성과 보안성이 뛰어난 블록 체인 기술을 활용한 가상 화폐가 등장하여 실제 화폐처럼 사용되기도 하는데 화폐 가치의 변동이 심해 투기성이 지적되고 있어요.

4 기찰포교 >>> 경찰관 >>> 범죄 과학 수사관

과거
기찰포교 >>> 범인은 내가 잡는다

"며칠 전 박 여인의 오라비가 임금님 행차에 나타나 동생의 죽음은 자살이 아니니 재수사를 해 달라고 했다네."

기찰포교를 부른 수령은 어명이 내려진 만큼 철저하게 수사하라고 말했어요.

기찰포교는 두 장의 검안서를 보며 깊은 생각에 빠졌어요. 스스로 목을 찌르고 목을 맸다는 기록을 믿을 수 없었기 때문이에요. 기찰포교는 처음 시체를 검시했을 때는 있었던 목 맨 자국이 두 번째 검시에서는 사라진 것을 발견하고 시체를 검시했던 오작인(조선 시대, 변사자의 시체를 검사하던 관원)을 불렀어요. 오작인은 죽은 후에 목을 맸기 때문에 자국이 사라진 거라고 했어요.

타살이라고 확신한 기찰포교는 박 여인의 집을 찾았어요. 여인의 남편은 왜 자꾸 찾아오냐며 짜증을 냈어요. 그래서 기찰포교는 노비에게 이것저것 물었어요. 집에 있을 거라 생각했던 시어머니는 화장을 곱게 하고 나갔다고 했어요. 며느리가 죽어 슬프다던 사람이 어찌 이럴까 싶은 마음이 들었어요. 노비는 남편이 박 여인의 노리개를 만지며 먼 산을 자주 본다고 했어요.

기찰포교는 박 여인이 죽기 전날 함께 있었던 사람들이 누구냐고도 물었어요. 노비는 시어머니와 박 여인 남편의 사촌인 최 씨가 함께 있었다고 했어요.

기찰포교는 즉시 포졸을 풀어 최 씨를 잡아들였지요. 그러고는 최 씨에게 소리쳤어요.

"네가 살인자다! 어서 박 여인을 죽인 연유를 고하라!"

그러자 최 씨는 목에 감겨 있는 줄을 풀어 주고 세 군데나 찔려 있는 목을 지혈하려던 것뿐이라며 발뺌했어요.

"그 긴박한 상황에 그녀의 목이 세 번 찔렸다는 것을 어찌 알았느냐? 바로 네가 범인이기 때문이 아니더냐!"

기찰포교의 말에 놀란 최 씨는 순순히 자백했어요. 박 여인이 시어머니와 최 씨가 정을 나눈 것을 알았기에 죽일 수밖에 없었다고요.

과거의 직업 탐구

조선 시대에 범인을 잡기 위해 염탐하거나 검문하는 관원을 기찰포교라고 불렀어요. 포도청 소속인 기찰포교는 범죄를 수사하거나 국경 검문소의 행인을 검문했어요. 포도청은 범죄자를 잡거나 죄인을 다스리던 관아예요. 한양 일대를 좌우로 나누어 좌포도청과 우포도청을 두었지요.

현재

경찰관 >>> 시민의 안전을 지킨다

"아빠가 경찰관이에요. 나쁜 사람을 잡는 아빠처럼 시민의 행복을 지키는 든든한 경찰이 되고 싶어요."

경찰관 체험 담당 선생님이 세아의 꿈을 응원한다며 시민의 안전을 책임지는 멋진 파수꾼이 되길 바란다고 했어요.

"경찰관은 강인한 체력과 체포 기술이 있어야 해. 나쁜 사람으로부터 자신을 지키고 범인을 제압할 수 있어야 하거든. 고로 첫 번째 체험은 체포술을 배우는 거야."

선생님이 범인이나 용의자를 검거할 때 사용하는 체포술을 알려 주기 위해 세아의 팔을 힘주어 잡았어요.

"범인이 달아나기 위해 저항할 텐데 이때 재빨리 범인의 팔을 뒤로 꺾어 수갑을 채워야 해."

범인이 흉기나 총으로 대응할 때는 흉기를 쳐 내며 순식간에 범인을 제압해야 한다고 했어요. 그러고는 재빠른 동작으로 세아의 팔을 꺾었어요.

"아, 아프다고요. 악! 팔 빠져요!"

선생님이 세아의 팔을 풀어 주며 체포술이 경찰에겐 정말 중요한 기술이라고 강조했어요. 세아는 선생님을 따라 범죄 현장을 재현해 놓은 방으로 이동했어요. 현관 입구에는 폴리스 라인이 설치되어 있었어요.

"이거 알아요. 경찰 드라마나 뉴스에서 자주 봤어요. 노란 폴리스 라인."

"맞아, 범죄 현장을 유지하기 위해 설치하는 저지선이야."

선생님이 이어서 말했어요.

"실제 절도 사건을 토대로 범죄 현장을 재현한 거야. 주인이 집을 비운 사이 안방에 있는 패물과 서재 금고 속의 돈이 없어졌단다. 세아가 할 일은 범인이 어떻게 집에 들어왔는지 추리해 보는 거야."

세아는 현관문부터 유심히 살폈어요. 거실을 지나 안방과 서재도 둘러봤어요. 그리고 30분 사이에 서로 다른 방에 있던 패물과 돈이 도난당했다는 것을 생각하며 말했어요.

"집을 잘 아는 사람 같아요."

선생님이 이유를 물었어요. 세아는 집을 뒤진 흔적 없이 패물과 돈만 사라진 점과 짧은 시간에 현관문과 금고를 열었다는 것에 집중했다고 했어요.

"집주인과 친분이 있는 사람이 범인일 수도 있겠어요."

선생님은 세아의 추리를 칭찬했어요. 그러고는 범인이 집주인의 친구였다고 했어요. 집주인이 집을 비운 사이 같은 동네에 살던 범인이 훔친 거래요.

칭찬을 들은 세아는 기분이 좋아졌어요.

"선생님, 경찰관 체험을 선택하길 잘한 것 같아요."

선생님은 세아에게 멋진 경찰관이 되어 다시 만나자며 악수를 청했어요.

⏳미래
범죄 과학 수사관 >>> 안전한 도시를 책임지다

체험실을 나온 세아는 경찰 로봇을 만났어요. 경찰 로봇은 세아를 스마트 도시의 취조실로 데려갔어요.

취조실에는 경찰이 H를 심문하고 있었어요.

"내가 범인이란 증거를 가져오라고요. 증거도 없이 선량한 사람한테 범인이라니 너무하는 거 아닙니까?"

H는 계속되는 심문에 억울하다, 모른다만 반복했어요. 취조실을 지켜보던 수사 팀장이 H를 풀어 주라며 말했어요.

"범죄 과학 수사관을 만나야겠다."

세아가 수사 팀장과 함께 간 곳은 범죄 과학 수사대였어요. 수사 팀장으로부터 사건을 전해 들은 범죄 과학 수사관이 H가 범인이라는 증거를 꼭 찾겠다고 했어요.

"거짓말 탐지기를 활용하는 건 어떨까요?"

세아의 말에 범죄 과학 수사관은 디지털 포렌식 수사와 빅데이터를 활용한 범죄 예방 시스템으로 범죄를 증명할 수 있다고 했어요. 디지털 포렌식 수사는 디지털 정보를 수집하고 분석해 범죄 단서나 증거를 찾는 과학 수사 기법이래요.

"정교해진 범죄 수법을 입증하려면 머리카락이나 생체 조직과 같은 물리적인 증거 외에 범인이 사용한 디지털 장비를 활용해 디지털 포렌식 수사를 해야 해. 범인이 주고받은 문자나 사진, 영상 자료가 범죄를 증명할 수 있는 단서가 되기도 하거든. 우리 손에 넘어온 이상 범인이 빠져나갈 구멍은 없어."

범죄 과학 수사관이 H의 컴퓨터와 휴대 전화, 메모리 카드와 자동차의 블랙박스를 분석하기 시작했어요. 그러고는 범죄 감시용 드론에 H의 인상착의를 저장해 띄웠어요. 지상에서 무선 전파로 원격 조종할 수 있는 무인 항공기인 드론이 H의 행동을 감시할 거래요. 범죄 과학 수사관은 한쪽 벽면에 진열된 다양한 크기의 드론을 가리키며 범죄 감시용 드론과 범죄 예방 시스템을 적극 활용해야 한다고 했어요.

"범죄 예방 시스템이요?"

세아의 질문에 범죄 과학 수사관이 영상을 보여 줬어요. 영상 속에는 밤길을 걷고 있는 여성이 있었고 그 뒤를 따르는 그림자도 보였어요. 여성은 자신이 위험에 처해 있다는 것을 모르는 듯

보였어요. 인적이 드문 골목길에 다다르자 그림자의 걸음이 빨라졌어요. 그때였어요. 가로등이 환해지며 사이렌 소리가 골목을 가득 메웠어요. 재빠르게 다가온 경찰 로봇들이 검은 그림자를 잡아채며 말했어요.

"네가 범죄를 저지를 것이란 걸 예측하고 있었어."

세아는 영화에서나 보던 상황이 미래에 실제로 일어난다는 것이 놀라웠어요.

"이것이 바로 2040년의 범죄 예방 시스템이야. 각종 범죄로부터 안전한 생활이 가능하도록 스마트 가로등과 지능형 CCTV, 로봇 기술과 빅데이터를 활용해 범죄를 예방하고 신속하게 대응하는 시스템이란다."

설명을 마친 범죄 과학 수사관이 지도를 가리켰어요.

"범죄 예측 지도란다."

지도에는 군데군데 붉게 표시가 되어 있었어요.

"빨간 표시가 몇 개인지 찾으란 건 아니죠?"

세아가 웃으며 말하자 범죄 과학 수사관은 빅데이터로 뽑아낸 범죄 예측 지역이라고 했어요.

"빅데이터를 활용해 범죄 예측 지도를 만든단다. 범죄가 빈번

하게 일어났던 장소와 시간대를 분석해 범죄 발생 가능성을 예측해 대응하는 거야."

범죄 예측 지역은 각 경찰서마다 시간별로 감시하고 범죄 감시용 드론을 통해 사각지대까지 수시로 순찰하며 혹시 모를 범죄에 대비한대요. 로봇 경찰의 순찰을 강화하고 기존 CCTV를 대체하는 지능형 CCTV와 스마트 가로등 설치로 위급 상황 시 빠른 구조가 가능하다고도 했어요.

H를 감시하던 감시용 드론으로부터 사진이 왔어요. H가 횡령 사실을 폭로한 직원을 만나 협박하는 장면이 찍혀 있었어요.

"디지털 포렌식 수사를 통해 H가 회사 돈을 횡령해 외국에 사는 친구에게 보낸 증거도 찾았습니다."

세아가 '미래의 범죄율은 0퍼센트가 되지 않을까.'라고 생각하며 스마트 도시를 나설 때였어요.

"세아야, 내 뒤를 잇는 멋진 범죄 과학 수사관이 되어 주렴."

세아는 활짝 웃었어요. 머릿속에 범죄 과학 수사관이 된 자신의 모습을 상상하면서 말이에요.

미래의 직업 탐구 — 범죄 과학 수사관

사건 현장에서 증거를 수집하고 현장을 재구성해 조사해요. 수사에 결정적 단서가 될 수 있는 무기, 섬유, 머리카락, 생체 조직 등의 증거물을 찾고 검사해요. 최근에는 디지털 포렌식 수사로 삭제된 파일을 복구하거나 암호화된 파일을 해독해 범죄 혐의를 입증하기도 하지요. 사건을 추리하고 범죄를 밝혀야 하기 때문에 세심한 관찰력과 판단 능력, 정확한 결과를 뽑아내는 분석 능력이 필요해요. 범죄자를 잡겠다는 정의감과 열정이 있으면 좋아요.

유사 직업

범죄 예방 환경 전문가
보안이 취약한 구역의 환경을 조사하고 주민들의 불안 요소를 분석해요. 건축물과 각종 시설에 보안 시스템을 적용하고 범죄로부터 안전한 도시로 설계하는 직업이에요.

사설탐정
개인 또는 기업 등으로부터 의뢰받아 사건, 사고 등의 정보를 은밀히 캐내거나 조사하는 민간 조사원이에요.

범죄 피해자 보호사

범죄 피해자나 목격자를 안정시키고 수사가 진행되는 동안 두려움과 공포를 느끼지 않도록 도와주는 일을 해요.

빅데이터

빅데이터는 디지털 환경에서 생성되는 문자, 영상을 포함한 대규모 데이터를 말해요. 빅테이터 기술은 그 방대한 데이터에서 가치 있는 정보를 추출하고 결과를 분석하는 기술이에요. 이름, 생일과 같이 형식이 정해진 데이터뿐만 아니라 소셜 미디어에 올린 글과 같은 형식이 정해지지 않은 데이터까지 빠른 시간에 분석하죠.

예를 들어 대통령 선거에서 유권자의 성향을 분석하여 선거 전략을 짜기도 하고 인터넷 쇼핑몰에서 사용자의 구매 내역과 관심 사항을 토대로 맞춤형 상품을 추천해 주기도 해요. 또한 방대한 번역물과 유사 문장을 활용해 언어 번역 서비스를 제공해요. 기상 관측 정보를 활용해 실시간 일기 예보도 제공할 수 있지요.

우리 생활을 편리하게

스마트도시

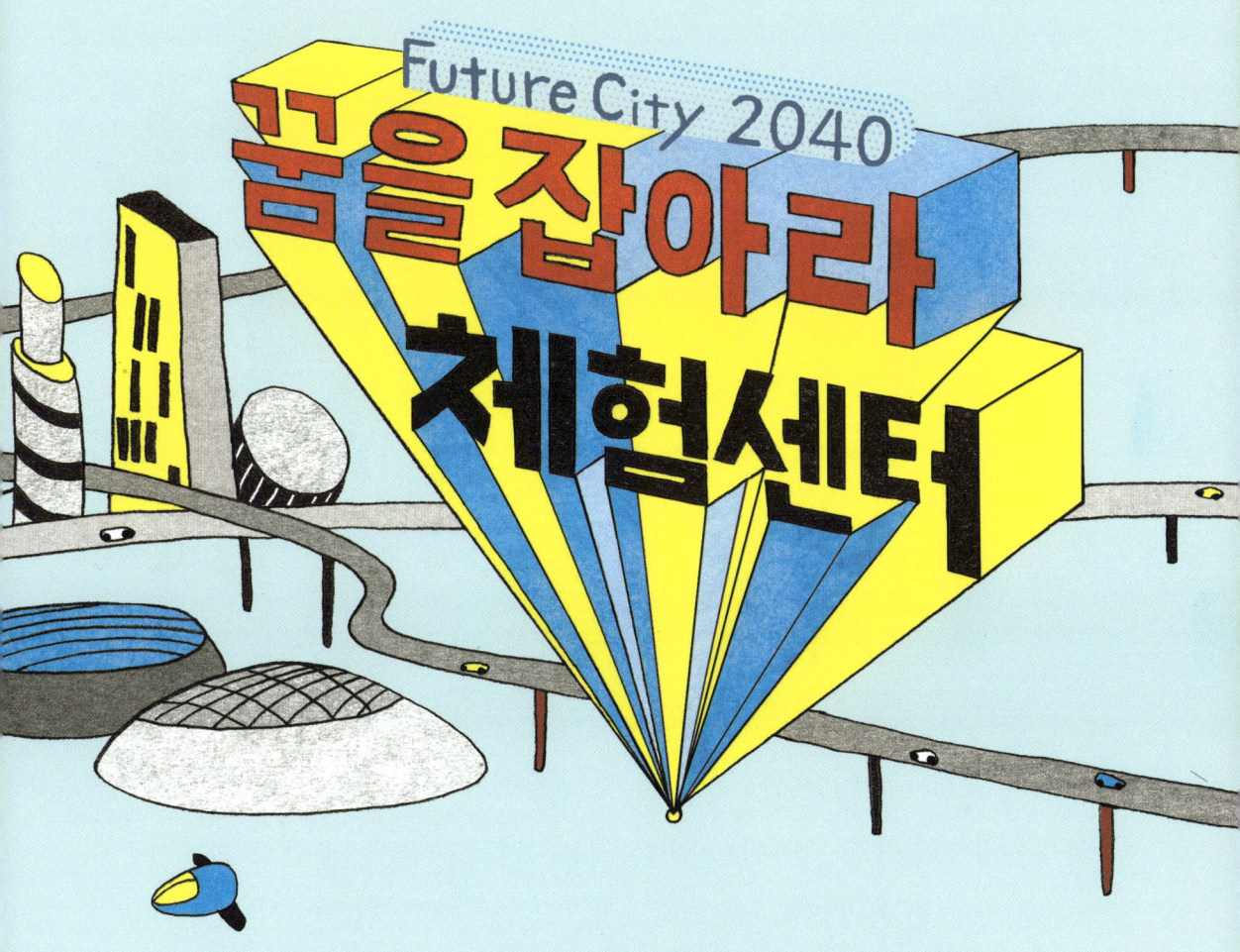

1. 가마꾼 >>> 운전기사 >>> 자율 주행차 엔지니어
2. 음양관 >>> 기상 캐스터 >>> 날씨 조절 관리자
3. 훈장 >>> 선생님 >>> 로봇 트레이너
4. 매분구 >>> 쇼핑 호스트 >>> 로봇 판매 전문가

1 가마꾼 ⋙ 운전기사 ⋙ 자율 주행차 엔지니어

⏳ 과거
가마꾼 ⋙ 양반의 발이 되다

"어이, 물렀거라!"

가마를 멘 가마꾼의 외침과 함께 사람들이 길 한쪽으로 비켜섰어요. 가마꾼들이 거리를 지나 한적한 산길에 접어들자 높고 거친 고개가 나타났어요. 가마꾼 중 석돌이가 가마에 타고 있는 이원익 대감에게 말했어요. 힘든 길을 올라가야 하는데 잠시 쉬었다 갔으면 한다고요.

"갈 길이 멀다, 서둘러라. 해가 넘어가기 전에 경주 관아에 들어가야 한다."

이원익 대감은 석돌이의 말을 무시한 채 빨리 가자고 채근했어요. 가마꾼들은 힘든 길이지만 걷다 보면 끝이 보이리라 생각하며 걸었어요. 그러나 가마꾼들의 생각은 완전히 빗나갔어요. 가

파르고 돌멩이가 삐죽 나온 거친 길이었기 때문이에요. 가마꾼들은 가마가 기울지 않도록 가마채를 잡은 손에 힘을 줬어요. 꽉 쥔 손은 금세 저릿해졌고 어깨도 심하게 아팠어요. 이대로 고개를 넘는 것이 무리라 생각한 가마꾼들이 잠시 가마를 멈췄어요.

"나리, 가마를 타고는 고개를 넘을 수 없습니다. 오르막길만이라도 걸어서 가는 것이 어떨는지요?"

그러자 이원익 대감이 짜증을 내며 말했어요. 가마꾼이 가마를 들 수 없다는 것은 말이 되지 않는다며 자신이 걸어가 줄 테니 가마꾼들은 기어서 오라고 말이에요. 가마꾼들은 이원익 대감의 명에 따라 소처럼 기어서 고개를 올랐어요. 울퉁불퉁 험한 길이다 보니 가마꾼들의 손바닥과 무릎에서 피가 흘러 길이 붉게 물들었어요.

이후 사람들이 이 사연을 알게 되면서 피로 물들인 고개라 하여 피발령으로 부르다가 피반령으로 바뀌었답니다.

과거의 직업 탐구

가마꾼은 조선 시대 가마를 운반하던 사람을 말해요.
가마는 타는 사람의 신분과 가마의 모양에 따라 이름이 달랐어요. 임금님이 타는 가마는 연 또는 가교라 하고 공주나 옹주가 타는 가마는 덩이라고 했어요. 벼슬아치들이 많이 타는 가마는 보교와 사인교, 외바퀴 수레가 달린 것은 초헌이라고 했답니다.
가마꾼은 오랜 시간 걷는 직업이기 때문에 발을 보호하기 위해 더운 여름에도 버선을 신었다고 해요.

현재
운전기사 >>> 시민의 발이 되다

"체험 버스에 승차한 것을 환영한다!"

선생님이 민재에게 말했어요. 운전기사를 꿈꾸는 민재는 버스에 오르자마자 운전해도 되는지를 물었어요. 선생님이 허허 웃으며 민재에게 차량 일일 점검표를 주었어요. 연료, 냉각수, 청소 상태 등을 확인하는 것이었지요.

"건강한 운동선수가 잘 달리듯 버스도 최적의 상태일 때 안전하게 달릴 수 있단다."

선생님은 15년간 운전하면서 매일 차량 일일 점검표를 작성했다고 했어요. 점검을 마친 민재는 운전석에 앉았어요. 선생님이 시동을 켜고 끄는 방법, 방향 지시등, 브레이크와 가속 페달 등에 대해 설명했어요.

"운전은 신호를 잘 지키고 도로 상황을 보며 안전하게 해야 한단다."

내비게이션을 켜자 버스 창 너머로 가상 도로가 펼쳐졌어요. 민재는 시동 버튼을 누르고 가속 페달을 꾹 밟았어요. 버스가 빠른 속도로 출발했어요.

"천천히 가야지. 시작부터 가속 운전은 위험해."

선생님의 말에 민재는 가속 페달에서 발을 뗐어요.

선생님은 운전기사는 빨리 가는 것보다 승객의 안전을 최우선으로 여겨야 한다고 했어요.

"운전기사는 브레이크도 함부로 밟아서는 안 된다. 특히나 버스는 서 있는 사람들이 많기 때문에 조심해야 하지. 출발하기 전에 버스 노선의 교통 상황 정보를 미리 알아 두면 운전할 때 도움이 되기도 해."

민재는 운전기사가 운전만 잘하면 되는 게 아니라는 것을 새삼 느꼈어요.

"버스를 이용하는 사람들은 버스가 언제 오나를 기다리고, 버스에 탄 사람들은 빨리 목적지에 닿기를 바라. 우리 아이들은 아빠가 퇴근해서 어서 돌아오기를 바라지. 때문에 나와 우리 가족, 나아가 시민들이 기다린다는 생각에 힘도 나고 사람들을 기다리지 않게 해야겠다는 마음이 든단다."

민재가 선생님을 보며 말했어요.

"선생님 완전 최고예요!"

체험 버스에서 내리며 민재는 선생님을 향해 엄지손가락을 추켜세웠어요. 그러고는 안전을 제일로 여기는 운전기사가 될 거라고 크게 외쳤어요.

⌛ 미래
자율 주행차 엔지니어 >>> 똑똑한 차를 만든다

"스마트 도시에 온 것을 환영합니다."라는 소리와 함께 엘리베이터 문이 열렸어요. 민재는 선생님을 따라 자율 주행차 엔지니어 체험관으로 들어갔어요.

바닥에 주차선과 S자, T자와 같은 선들이 그려져 있었어요. 교차로에는 정지선과 횡단보도 그리고 신호등도 보였고요.

"자율 주행차 한번 타 볼래?"

풍뎅이처럼 생긴 차 앞에 선 선생님이 말했어요. 민재는 자율 주행차라는 말에 귀를 쫑긋 세우며 기대감을 드러냈어요.

"정말요? 정말 자율 주행차 탈 수 있어요?"

민재는 날아갈 듯이 기뻤어요.

선생님이 차를 톡톡 두드리자 문이 자동으로 열렸어요. 열린 문으로 민재가 날름 차에 올랐어요. 선생님이 옆에 타서 "한 바퀴 돌까?"라고 말하자 차 문이 저절로 닫히며 안전벨트가 민재 몸을 감쌌어요.

"출발합니다."

차가 말하며 움직이기 시작했어요. 차 안은 엔진 소리나 떨림 없이 아주 고요했고요. 움직이는 것은 창문을 통해 사물이 지나치는 것으로 알 수 있었어요.

"승차감 완전 좋아요."

"자율 주행차를 설계하는 엔지니어들의 꾸준한 열정과 노력 덕분이란다."

그때였어요. 차가 민재에게 말을 걸었어요.

"신체 온도가 높습니다. 에어컨을 작동할까요?"

놀라는 민재에게 선생님이 말했어요. 자동차의 열 감지 센서가 사람의 온도를 자동으로 측정한다고요. 민재는 좋아서 흥분한 나머지 체온이 잠시 올라간 것 같다고 말했어요. 선생님은 이것이 바로 사물 인터넷이라고 했어요. 민재가 사물 인터넷에 대해 물었어요.

"사물 인터넷은 사물에 센서와 네트워크를 연결시켜 실시간으로 데이터를 주고받는 환경을 말해. 사람과 사물, 공간의 모든 것이 네트워크로 연결되어 정보가 만들어지고 그 정보를 저장해서 활용하는 거야. 미래 사회는 사물 인터넷으로 사람과 사물의 대화가 가능하단다. 말로 사물을 조종할 수 있지."

민재는 미래 사회가 아주 편하겠다는 생각이 들었어요. 그때 신호등이 노란색으로 바뀌었어요.

'신호가 바뀌는데 멈춰야 할까? 아니면 차가 알아서 할까?'

민재가 신호등에서 눈을 떼지 못하자 선생님이 말했어요.

"자율 주행차도 눈이 있단다."

눈이라는 말에 민재가 앞을 두리번거리자 선생님이 웃으며 말했어요.

"자율 주행차에는 운전자의 눈, 귀, 손, 발을 대신하는 다양한 카메라와 센서들이 붙어 있어. 센서들은 자동차 간 거리를 자동으로 유지하고 차선 이탈을 방지해. 또 실시간으로 정보를 교환해서 사고를 예방하고 혼잡한 구간은 피해 간단다."

빨간 신호등으로 바뀌자 자율 주행차는 정확히 정지선 앞에 멈췄어요.

차가 도착한 곳은 엔지니어 사무실 앞이었어요.

"스스로 운전하는 자율 주행차는 수많은 센서에 의해 움직이는데 이러한 센서들을 설계하고 연결하는 사람들을 자율 주행차 엔지니어라고 해. 이곳은 그들이 일하는 사무실이야."

선생님은 민재를 안으로 안내하며 덧붙여 말했어요. 자율 주행차 엔지니어는 자율 주행차가 스스로 환경을 인지하고 인지된 정보를 판단해서 차에 부착된 라이더와 레이더로 움직임을 제어하도록 개발한다고요.

민재가 라이더에 대해서 물었어요.

"라이더는 빛을 쏘아 거리를 측정해서 물체를 인지하고 레이더

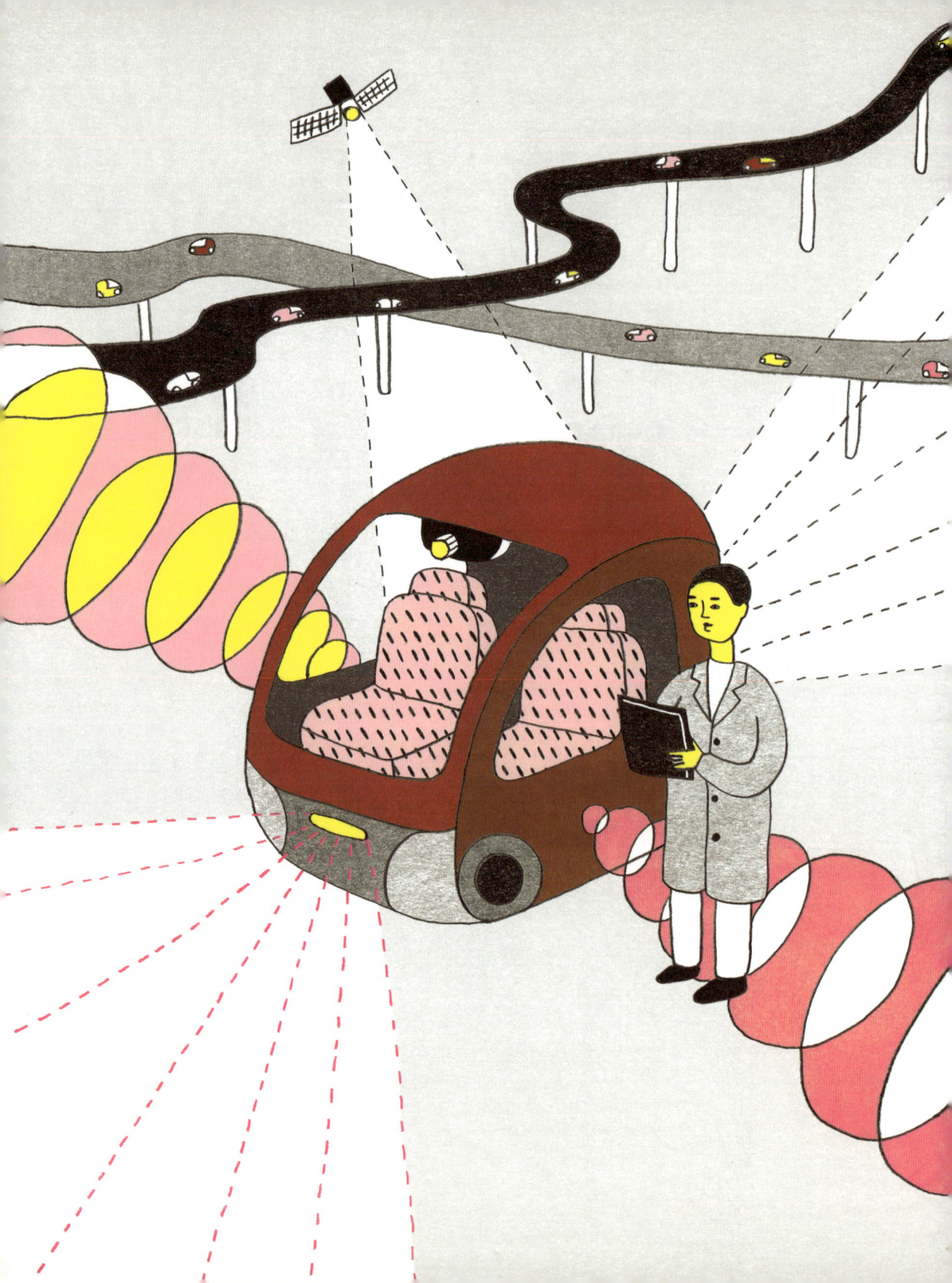

는 전파를 쏘아 인지한단다."

그때였어요. 갑자기 들려온 경고음이 사무실을 가득 채웠어요.

제어 기술을 담당하는 엔지니어의 모니터로 동시에 메시지가 전달됐어요.

"9188 자율 주행차가 고장 났다는구나. 전기차인데 동력을 전달하는 배선이 끊어져서 차가 움직이지 않는대."

선생님이 자율 주행차가 도로에서 멈출 경우, 멈춰 있는 차 때문에 교통이 혼잡해질 수 있고 에너지 낭비가 생길 수 있다고 말했어요. 자율 주행차 엔지니어는 이런 사고에 대비하는 연구도 한대요.

민재는 선생님을 따라 주차장으로 이동했어요. 민재가 비어 있는 주차장을 보며 말했어요.

"자율 주행차 엔지니어들은 대중교통을 이용하나 봐요."

"미래 사회는 자동차 공유가 활성화되어 있어. 자동차를 함께 타는 것을 자동차 공유 또는 카 셰어링이라고 해. 개인 차량과 공용 차량의 경계선이 무너지면서 불필요한 자원 낭비를 줄이고 지구 환경까지 생각할 수 있는 좋은 제도지. 도시의 교통난과 주차 문제도 해결할 수 있거든."

민재는 미래에 많은 것들이 변한다는 것을 느꼈어요.

"선생님, 저 운전기사 말고 자율 주행차 엔지니어가 되기로 결심했어요."

민재는 다짐하듯 말하고는 자율 주행차 엔지니어가 된 자신을 상상하며 씨익 웃었어요.

미래의 직업 탐구 : 자율 주행차 엔지니어

자율 주행차 엔지니어는 자율 주행차를 만들고 움직이는 데 필요한 여러 가지 기술을 설계하고 개발해요. 복잡한 전문 기술들을 통합해 연구하거나 자율 주행차를 정비하는 것도 자율 주행차 엔지니어의 일이랍니다. 자율 주행차 관련 기술은 매우 다양해요. 첨단 기술을 융합해 적용하는 통합 설계 분야와 GPS(위치 추적 장치), 라이더와 카메라 등으로 주행 환경을 인식하는 분야, 스스로 판단해 움직이는 자동 제어 구축 분야 등으로 세분화되어 있어요.

자율 주행차 엔지니어가 되려면 정보 통신 공학과 자동차에 대해 공부해야 해요. 기술을 융합해 새로 개발하기 위해서는 창의적인 생각을 갖춘 사람에게 유리해요. 사물을 깊이 관찰하고 유연한 사고를 할 수 있는 꾸준한 연습도 필요해요.

유사 직업

자율 주행차 관제원
도로 위를 달리는 자율 주행 자동차의 흐름을 통제해 사고를 막고 안전을 지켜요.

조선 해양 IT 개발자
배가 자동항법으로 바다에서 길을 잃지 않고 목적지까지 가는 기능을 개발하고 바다에 묻힌 해양 자원을 탐사·발굴해요.

드론 조종사
드론은 헬리콥터 모양의 작은 무인 항공기예요. 사람이 탑승하지 않고 무선 전파에 따라 움직여요. 드론 조종사는 지상에서 드론을 조종하고 통제하지요.

사물 인터넷

사물 인터넷(Internet of Things, IoT)이란 사물이 인터넷으로 연결된다는 말로 사물에서 발생하는 정보를 사람과 사물, 사물과 사물 간에 서로 교류하는 것이에요. 가전제품, 휴대 전화, 컴퓨터뿐만 아니라 책상, 가방, 나무, 애완견 그리고 교실과 같은 공간 등에 다양한 센서와 통신 기능이 내장되지요.

사물 인터넷은 개인용, 산업용 및 공공 분야에까지 다양하게 활용되고 있어요. 에어컨, 보일러, 로봇 청소기 등의 가전제품을 집 밖에서도 작동시킬 수 있고, 사람의 명령이나 도움 없이도 사람에게 편리한 기능을 스스로 제공해요. 현재 실생활에도 버스나 지하철 도착 시간을 실시간으로 확인할 수 있는 등 많이 활용되고 있어요.

2 음양관 >>> 기상 캐스터 >>> 날씨 조절 관리자

⌛ 과거

음양관 >>> 하늘을 읽다

1422년 정월 초하루 오후.

3개월 전 음양관 이천봉은 정월 초하루에 일식이 일어난다고 예언했어요. 궁에서는 구식례를 준비했어요. 일식은 왕을 상징하는 해가 가려지는 것으로 사람들은 이를 불길한 징조라 여겼어요. 때문에 한시라도 빨리 해를 구출하려고 구식례를 했답니다.

소복을 입은 세종 임금이 인정전의 월대로 나가 무릎을 꿇고 앉았어요. 그러고는 북을 치며 하늘을 향해 외쳤어요.

"천지를 움직이는 하늘이시여, 생명력의 원천인 해를 무사히 보내 주소서."

신하들 또한 세종 임금을 따라 북을 치며 마음으로 빌었어요. 그러나 이천봉이 예언한 시간이 되었는데도 일식은 일어나지 않

우리 생활을 편리하게 77

았어요.

"예언을 잘못하면 어떤 형벌을 받게 되는지 아는가?"

세종 임금의 눈치를 살피며 안절부절못하던 영의정이 이천봉에게 낮지만 엄한 목소리로 꾸짖었어요. 이때였어요. 굳은 얼굴로 하늘만 바라보던 이천봉의 눈에 낮달이 나타났어요.

"일식이다!"

예정된 시각보다 15분이 지난 후에야 낮달이 해를 가리기 시작했어요. 해가 서서히 초승달 모양으로 변하면서 세상이 캄캄해졌어요. 세종 임금과 신하들은 해가 무사하길 빌면서 힘차게 북을 두드리며 지켜보았지요. 북소리가 인정전을 가득 채웠어요. 조금 있자 해가 서서히 모습을 드러냈어요. 신하들이 "태양이 나타났다!"라며 환호했어요.

세종 임금은 중국의 역법, 시간이 조선과 다르다는 것을 깨닫고 우리 현실에 맞는 천문 체계를 정비하라 명했답니다.

과거의 직업 탐구

음양관은 하늘의 현상을 관측하고 예보하는 사람으로 관상감에 소속된 관원이에요. 조선 시대에는 천문학을 중시했어요. 해와 달의 움직임과 계절의 변화에 따른 절기를 정확히 알아내는 것이 농업에 중요했기 때문이에요.

태조 임금은 천문 현상을 관측하는 관청인 서원관을 두었어요. 세종 임금은 서원관의 이름을 관상감으로 바꾸고 천문 현상을 지속적으로 관찰하여 기록으로 남겼어요. 남아 있는 천문도와 천체 현상에 대한 기록으로 보아 상당한 수준의 천문 지식을 가졌다는 걸 알 수 있어요.

현재
기상 캐스터 >>> 날씨를 알리다

기상 캐스터 체험을 해 보고 싶었다는 은지에게 선생님이 물었어요. 은지가 생각하는 기상 캐스터는 어떤 사람이냐고요.

"기상 캐스터는 날씨 정보를 선물하는 사람이에요."

선생님이 은지의 표현력을 칭찬하며 기상 캐스터가 되고 싶은 이유가 궁금하다고 했어요. 은지는 잘못된 날씨 정보로 여행을 망친 적이 있었다며 정확한 날씨를 전하는 기상 캐스터가 되고 싶다고 했어요. 선생님은 목표가 확실해 좋다며 기상 캐스터 영상부터 보자고 했어요.

"봄을 시샘하는 바람이 강하게 불었던 하루였는데요, 이럴 때일수록 건강에 유의하셔야 합니다."

통통 튀는 목소리에 이어 내일의 기온 변화와 풍속 그래프가 나타났어요.

영상이 끝나자 선생님은 몇 장의 그래프 자료를 보여 주었어요. 지역별 기온 그래프, 전년도 대비 올해의 강수량을 예측하는 그래프, 구름이나 바람의 세기에 따른 기상 상황을 보여 주는 그래프들이었어요.

그래프는 시청자들이 날씨 정보를 쉽고 빠르게 이해할 수 있게 해 준대요. 은지는 이런 자료까지 기상 캐스터가 만든다는 게 놀라웠어요.

"뉴스에서 기상 캐스터들에게 주어지는 방송 시간이 얼마인 줄 아니?"

"3분 정도 되나요?"

은지가 대답했어요.

선생님은 기상 캐스터들이 방송하는 시간은 약 70초라고 했어요. 사건 사고로 뉴스량이 많은 날에는 20초 만에 끝내야 할 때도 있다고 했어요.

"날씨 기사도 기상 캐스터들이 직접 작성하니까 은지도 해 봐야겠지?"

선생님이 기상청에서 보내 준 간략한 날씨 정보를 보여 줬어요. 은지는 날씨 기사를 써야 한다는 말에 머리가 아득해졌지만 선생님의 도움을 받으며 70초짜리 날씨 기사를 완성했어요.

은지는 완성된 원고를 들고 스튜디오로 이동했어요. 한쪽 벽면이 파랗게 되어 있는 스튜디오에는 스튜디오를 비추는 큰 카메라와 작은 모니터들이 있었어요.

은지가 파란 벽 앞에 섰어요. 지금은 은지만 보이지만 실제 방송에는 크로마키로 날씨 정보나 그래프가 합성된다고 했어요.

카메라에 빨간불이 켜지며 익숙한 날씨 예보 음악이 흘렀어요. 쿵쾅거리는 심장 소리에 놀란 은지는 암기했던 원고가 전혀 기억나지 않았어요. 만약 선생님이 원고를 건네주지 않았다면 은지는 70초 동안 멍하니 서 있었을 거예요.

기상 캐스터 체험을 마친 은지는 결심했어요. 앞으로 날씨 정보가 틀렸다고 기상 캐스터들에게 화내지 않겠다고요. 은지는 반성하는 마음을 품고 기상 캐스터 체험관을 나왔어요.

미래
날씨 조절 관리자 >>> 날씨를 바꾸다

    기상 캐스터 체험관의 출구는 스마트 도시의 입구와 연결되어 있었어요. 스마트 도시 입구는 다양한 나무와 풀, 작은 연못과 바위 그리고 은은한 조명으로 인해 마치 숲속에 온 듯했어요.
    "안녕, 네가 은지구나."
    은지를 맞이한 사람은 김양수 소장님이었어요. 은지는 구름 모양 안경과 우산 무늬 넥타이를 한 소장님은 분명 날씨에 관련된 일을 하는 사람일 거라 생각했어요.
    "난 날씨 조절 전문가란다."
    은지는 소장님을 따라 날씨 조절 연구소로 들어갔어요.
    사무실 정면에는 날씨 통합 시스템이라는 대형 화면이 있었고 다른 화면에는 지역별 날씨 정보가 나타나 있었어요.
    "날씨 조절 전문가는 날씨를 예측하고 날씨에 따른 피해를 줄이기 위해 일해. 또 인공 강우나 인공 강설을 가능하게 하지. 환경 문제의 부작용으로 나타나는 기후 변화를 줄이기 위해 노력

한단다."

"인공 강우나 인공 강설이 뭐예요?"

은지는 낯선 단어가 이해되지 않았어요.

소장님이 "지니, 인공 강우 영상을 틀어 줘."라고 했어요. 그러자 스피커 로봇 지니가 "인공 강우 영상 준비하겠습니다."라고 말하며 대형 화면에 미세 먼지 가득한 도시의 모습을 비췄어요.

"미세 먼지가 도시를 휘감고 있어. 사람들은 숨 쉴 자유를 달라고 외치지만 미세 먼지를 해결하는 것은 쉽지 않은 일이야. 미세 먼지를 해결하는 방법 중 하나가 인공 강우야."

영상에서는 드론이 비 씨앗을 뿌리고 있었어요. 소장님은 드론을 이용하면 항공기나 로켓보다 정확한 위치에 비 씨앗을 뿌릴 수 있다고 설명했어요.

"비 씨앗에 수증기가 뭉쳐 물방울이 커지면 비가 되어 떨어지는데 이것을 인공 강우라고 해. 온도가 낮을 경우는 눈이 되어 떨어지는데……."

은지가 재빨리 소장님의 말끝을 잡아챘어요.

"인공 강설이죠?"

소장님이 웃으며 똑똑한 아이를 만나서 기쁘다고 했어요. 그러

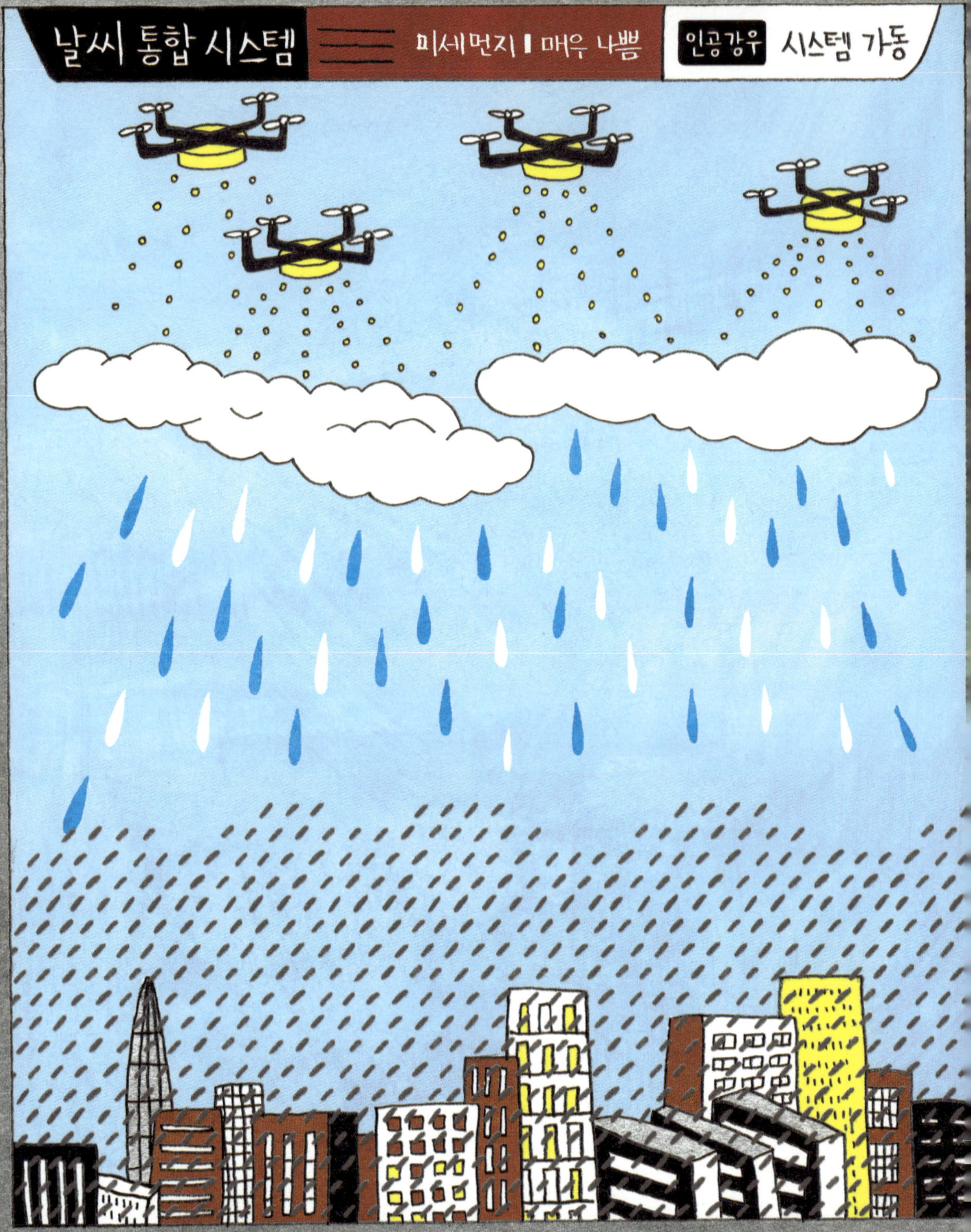

날씨 통합 시스템
미세먼지 매우 나쁨
인공강우
시스템 가동

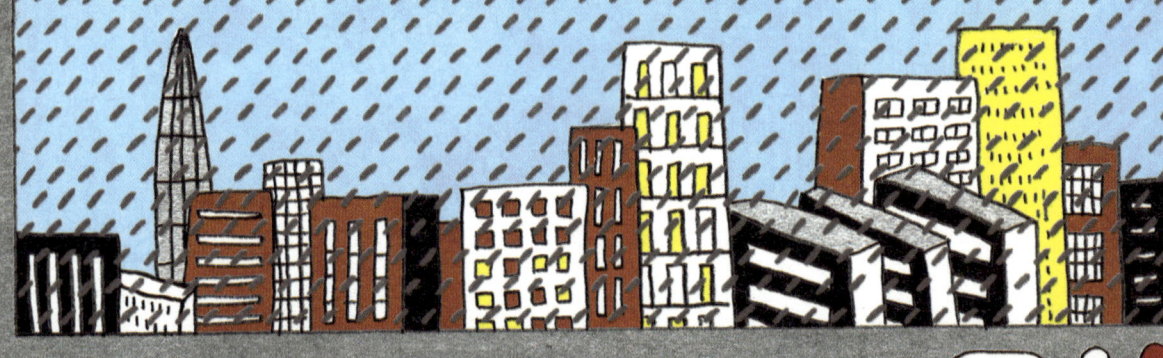

고는 인공 강우를 내리면 미세 먼지 농도가 일시적으로 낮아진다고 덧붙였어요.

　소장님은 인공 강우를 위한 가장 효과적인 비 씨앗을 연구하고 있대요. 연구소 한편에 실험실이 보였어요.

　"인공 강우에서 가장 중요한 것은 수증기가 응결될 수 있도록 하는 비 씨앗이야. 비 씨앗에 따라 인공 강우의 효과가 다르게 나타날 수 있거든."

　실험실 책상에는 비커와 습도계 등 다양한 기구들이 있었어요.

　"실험하다가 다치는 일은 없나요?"

　은지가 물었어요.

　소장님은 실험을 할 때는 보호 장비를 갖추고 하기 때문에 크게 다치는 일은 없다고 했어요.

　"날씨 조절 관리자가 하는 또 다른 일은 태풍이나 허리케인과 같은 천재지변을 예측하고, 그 강도를 약화시키는 방법을 찾는 거란다."

　"그게 가능해요?"

　은지가 놀라며 묻자 소장님이 대답했어요.

　"날씨를 바꾸기 위해서는 구름과 강수량, 바람의 강도, 공간 등을 잘 조절해야 해."

은지는 날씨 조절 관리자의 능력이 어디까지인지 가늠이 되지 않았어요. 환경 문제로 갈수록 불규칙해지는 날씨를 조절해서 삶의 질을 높인다는 날씨 조절 관리자가 멋져 보였지요. 은지는 자신이 살아갈 미래는 좀 더 나은 환경이 될 거란 기분 좋은 생각을 품은 채 사무실을 나섰어요.

"은지야, 우산 가져가야겠다."

소장님이 문 앞의 우산 꽂이를 가리키며 말했어요. 우산 꽂이가 파란빛으로 반짝였거든요.

"비가 오니 우산을 꼭 챙기라는 메시지야."

은지는 미래 기술에 또 한 번 놀랐지요. 은지는 우산을 챙겨 나오면서 생각했어요. 미래의 멋진 나를 만들 수 있는 것은 현재의 나다, 고로 오늘 하루도 멋지게 생활하자고 말이에요.

미래의 직업 탐구 — 날씨 조절 관리자

날씨 조절 관리자는 날씨에 따른 피해를 줄이고 인공 강우와 인공 강설 기술을 활용해서 환경 오염으로 야기된 날씨 변화를 최소화해요. 갈수록 불규칙해지는 날씨를 조절하고 미세 먼지와 같은 환경 문제를 줄여 삶의 질을 높이기 위해 노력해요. 가뭄과 물 부족 현상을 해결하기도 하지요.

날씨 조절 관리자가 되려면 기상학과 대기학 등을 공부해야 해요. 새로운 것을 탐구하고자 하는 호기심과 창의력을 가진 사람에게 적합해요. 실험실에서 장시간 연구하고 분석하기 때문에 관찰력과 끈기도 있어야 해요.

유사 직업

기상 컨설턴트
기상청에서 전달받은 기상 정보와 자체 기상 관측망을 통해 수집한 날씨 정보를 분석해 개인이나 회사에 제공해요.

날씨 변경 감시 경찰
인공적으로 날씨를 변경하는 사람들을 감시해요. 한 지역의 날씨를 인공적으로 변경시키면 다른 곳의 날씨까지 변할 수 있기 때문이에요.

기상 위성 관리사
우주에 쏘아 올린 기상 위성을 관측해 일기 예보뿐만 아니라 지구 환경을 보호하고 기후 변화에 대응하는 일을 하는 직업이에요.

인공 강우

인공 강우는 사람이 직접 구름에 영향을 주어 내리는 비를 말해요. 구름은 있으나 비를 만들 수 있는 응결핵, 빙정핵이 적어 비구름을 만들지 못할 때 드론이나 항공기 등을 통해 비 씨앗을 뿌려 특정 지역에 비를 내릴 수 있어요. 비 씨앗으로는 드라이아이스, 요오드화 은, 액체 질소 등을 사용해요.

인공 강우나 강설 기술을 잘 이용하면 태풍의 강도를 약화시키고 사막화를 방지하며 수자원을 확보하고 대기 오염을 완화시킬 수 있어요.

3 훈장 >>> 선생님 >>> 로봇 트레이너

⏳ 과거

훈장 >>> 까막눈은 내게 맡겨라

"하늘 천, 땅 지, 가마솥에 누룽지 박박 긁어서 스승님은 똥사발, 나는 밥사발……."

아이들이 웃고 떠드는데 방문이 열리며 훈장님이 들어왔어요.

"고얀 놈들, 스승의 그림자는 밟지도 않는다 했거늘!"

훈장님의 꾸짖는 소리가 서당 안을 가득 메웠어요. 아이들은 훈장님의 눈치를 보며 천자문을 펼쳐 들었지요.

수업이 끝날 즈음 훈장님은 회초리로 책상을 치며 배운 내용을 외우지 못한 사람은 집에 보내지 않겠다고 으름장을 놓았어요.

"기대승, 읊어 보거라!"

"……."

기대승(32세에 이황의 제자가 된 조선 중기의 성리학자)은 훈장님의 계속된 채근에도 입을 열지 않았어요. 화가 난 훈장님은 아이들을 모두 돌려보내고 기대승을 밖으로 불러내 소 앞에 세웠어요.

훈장님은 소고삐를 세게 잡아 위로 쳐들며 '하늘 천' 하고 읊은 뒤 아래로 내리며 '땅 지'를 반복했어요. 한참 고삐를 잡고 '하늘 천', '땅 지'를 외치던 훈장님은 고삐에서 손을 뗐어요.

훈장님이 '하늘 천' 하니 신기하게도 소가 머리를 올렸어요. '땅 지'를 외니 이번에는 머리를 내리지 뭐예요. 훈장님은 아둔한 소도 몇 번 만에 익히는 것을 3년이나 공부하고도 모르냐며 기대승을 엄하게 다그쳤어요. 그러자 기대승이 겨우 입을 열었어요.

"천지현황(天地玄黃)을 삼년독(三年讀)하니, 언재호야(焉哉乎也)를 하시독(何時讀)고."

훈장님은 놀란 얼굴로 기대승을 보았어요.

천자문의 시작인 천지현황을 삼 년 동안 읽었지만 아직 그 뜻을 제대로 이해하지 못하는데 천자문의 마지막인 언재호야는 언제나 이해하게 될까라는 뜻이었기 때문이에요.

"너는 이미 천자를 다 읽고 있었구나. 내 그런 줄도 모르고 너를 소만도 못하다 하였구나."

훈장님은 미안했어요. 천지현황의 뜻은 글을 많이 배운 어른도 알기 어려운데 글자만 읽으라 한 자신의 가르침이 잘못되었음을 알게 되었거든요.

과거의 직업 탐구

훈장은 조선 시대 서당에서 아이들을 가르치던 선생님이에요. 대개 학식은 있으나 벼슬길에 오르지 못한 양반, 몰락한 양반이 생계유지를 위해 서당을 세우고 아이들을 가르쳤어요.

서당은 지금의 초등학교에 해당해요. 훈장이 되는 데 별다른 자격은 없었지만 마을에서 학식과 인품이 뛰어난 양반이 맡았어요. 훈장이 받은 수강료는 강미라고 하는데 주로 쌀이나 땔감, 옷감 등을 받았어요. 훈장과 서당은 일제 강점기에 사라졌어요.

현재
선생님 >>> 지식을 전달하다

초등학교 선생님이 꿈인 민지는 곧장 체험관으로 향했어요.
"반가워, 난 상자 선생님이야. 친구 이름은 뭐지?"

"저는 민지예요. 그런데 선생님 이름은 왜 상자예요?"

선생님은 많은 것을 담을 수 있고 필요한 것을 꺼낼 수 있기 때문에 상자라고 정했다고 대답했어요.

"일일 선생님이 되려면 수업 주제를 정해야 하는데 민지는 좋아하는 과목이나 관심 있는 분야가 뭐야?"

'좋아하는 과목이라……. 음악은 가르치기 어려울 것 같고, 미술에는 소질이 없고, 체육을 할까?'

선택하는 것이 쉽지 않았어요. 민지의 고민을 눈치챈 선생님이 제안했어요. 책을 읽으며 수업 주제를 천천히 생각해 보아도 괜찮다고요.

"대상이 1학년이니까 부담 갖지 마. 준비를 많이 하면 수업의 질은 높아지는 법이야."

선생님은 민지에게 아이들을 가르칠 때 필요한 자료를 나눠 주었어요. 학습 주제와 목표, 선생님과 학생의 준비물과 수업 시 주의점 등이 적혀 있었어요.

"아이들을 어떻게 수업에 집중시킬 것인지 생각해야 해. 수업 진행과 마무리는 어떻게 해야 할지도 생각하고."

민지는 책장에서 몇 권의 책을 선택해 읽었어요. 민지는 생활

속 안전이라는 주제를 선택하고 수업을 어떻게 이끌어 갈지 진지하게 생각했어요. 생각을 마쳤을 즈음 선생님이 다가와 일일 선생님이라는 명찰을 걸어 주며 말했어요.

"자, 이제 시작해 볼까. 긴장하지 말고 동생한테 알려 준다는 마음으로 해 보는 거야. 할 수 있겠지?"

떨리는 마음을 진정시키며 교실로 들어선 민지는 자신을 기다리고 있는 아이들을 만났어요. 안전 수업이라는 말에 아이들이 "에이, 재미없는데."라고 말해 당황하기도 했어요.

"오늘은 그림을 먼저 보여 줄 거예요. 그림을 보고 생각나는 것을 이야기해 주면 좋겠어요."

민지는 아이들이 정글짐 위에서 서로 잡아당기는 그림, 미끄럼틀을 거꾸로 올라가는 그림, 서로 타겠다며 그넷줄을 낚아채는 그림을 보여 주었어요. 그러자 떠들썩하던 아이들이 그림에 집중했어요.

아이들은 양보를 해야 한다, 놀이 기구에서 장난치면 위험하다 등의 의견을 내놓았어요. 민지는 아이들과 놀이터에서 지켜야 할 안전 수칙을 정하고 잘못한 친구에게 편지 쓰기와 같은 활동을 이어 갔어요.

발표보다는 듣는 것에 익숙한 민지는 서로 발표하겠다며 손을 드는 1학년 아이들이 기특했어요. 30분의 수업이 순식간에 끝났어요.

"언니, 정말 멋졌어요."

한 여자아이가 민지에게 말했어요. 그 말이 민지의 가슴에 콕 박혔어요. 연습한 것만큼 완벽하진 않았지만 멋진 선생님이 되어야겠다는 다짐이 더욱 단단해졌어요.

⌛ 미래
로봇 트레이너 >>> 로봇 교사를 양성하다

민지가 두 번째로 방문한 곳은 스마트 도시 내에 있는 교실이었어요. 교실 앞에는 체험을 환영하는 현수막이 걸려 있었어요. 교실로 들어선 민지는 자신의 이름이 적힌 책상으로 갔어요. 의자에 앉자 책상과 의자가 민지의 몸에 꼭 맞게 조정됐어요.

"우아, 신기한데."

민지가 의자를 들썩이며 몸을 흔들자 의자에서 "바른 자세를 유지하세요."라는 말이 흘러나왔어요.

그때 문이 열리며 선생님이 들어왔어요.

"스마트 학교에 온 걸 환영한다. 내 이름은 조미롯이야."

민지는 터져 나오는 웃음을 간신히 참았어요. 조미롯이라니. 조미료도 아니고 생각할수록 재미있는 이름이었어요.

선생님은 민지가 비염으로 코를 자주 훌쩍이고, 어려운 문제를 풀 때는 손톱을 물어뜯고, 시험 기간에는 화장실을 자주 가고, 영어 단어의 철자를 헷갈려 하고, 대충 읽는 습관 때문에 중요한 문장을 놓치는 등등의 좋지 않은 공부 습관을 꿰뚫고 있었어요.

깜짝 놀란 민지에게 선생님이 말했어요.

"난 인공 지능 로봇 선생님이야."

'로봇이라니!'

또 한 번 놀란 민지는 정신을 가다듬고 선생님을 뚫어져라 쳐다봤어요. 그제야 로봇처럼 보였어요.

선생님은 아이들의 공부 습관과 성격, 취약한 과목과 잘하는 과목에 대한 정보뿐 아니라 전 학년 성적 데이터와 인성 검사 결과도 가지고 있기 때문에 맞춤형 교육을 할 수 있다고 했어요.

선생님은 2016년 3월에 이세돌 9단과 바둑 대결을 펼쳤던 알파고에 대해 아느냐고 물었어요. 민지는 스스로 학습하는 로봇이라고 대답했어요.

"나와 알파고의 공통점은 딥러닝 기술을 사용했다는 거야. 딥러닝은 기계 학습 기술의 한 분야로 사람처럼 컴퓨터가 스스로 학습하는 거야."

로봇에게 강아지 사진을 보여 주고 '이것이 강아지야.'라고 알려 주는 것이 아니래요. 로봇 스스로 다양한 품종의 강아지 사진을 찾아보고 강아지에 대해 학습한대요.

선생님은 미리 입력된 민지의 기본 생활 습관이나 학습 방법에 관한 정보를 통해 어떻게 가르쳐야 민지에게 도움이 되는지 안다고 했어요.

선생님이 태블릿 피시를 주며 수업을 시작했어요.

"교과서는 없어요?"

민지가 묻자 선생님이 태블릿 피시를 톡톡 치며 디지털 교과서에 대해 설명했어요.

태블릿 피시 안에 수만 권의 교과서와 참고용 도서, 학습에 필요한 앱과 영상이 담겨 있다고요. 한국사에서 전쟁 부분을 배울

때면 전쟁에 관한 영상을 볼 수 있고 과학 시간에 실험하기 어려웠던 화산 폭발은 실험 앱을 이용한다고 했지요.

선생님은 과학 수업이 지루하다는 민지의 생각을 단번에 날려 버렸어요. 앱으로 게임을 하기도 했고 홀로그램을 활용해 실제 우주에 있는 듯 체험했어요.

민지는 조미롯이란 이름만 듣고 웃었던 것에 죄송한 마음까지 들었어요.

"선생님을 진작 만났다면 좋았을 것 같아요. 공부가 아니라 놀이를 한 기분이에요!"

"다행이다. 내가 로봇 교사로 성장할 수 있도록 도와준 트레이너에게 고맙다고 해야겠는걸."

"트레이너요?"

선생님은 로봇 트레이너로부터 가르치는 방법에 대해서 배웠다고 했어요. 일대일 지도를 통해 잘못된 부분을 알려 주고 다듬어 주었대요.

그때 트레이너 선생님이 홀로그램으로 등장했어요. 트레이너 선생님은 로봇 선생님과의 공부가 즐거웠냐고 물었어요.

"재미있어서 시간 가는 줄 몰랐어요. 수업 방식이 색다르고 좋

았어요. 그런데 인공 지능 로봇도 트레이너가 필요한가요?"

민지의 질문에 트레이너 선생님이 말했어요.

"인공 지능이 발전해서 사람 대신 로봇이 일하는 곳도 많아. 때문에 로봇이 실수 없이 사회에 빨리 적응하도록 로봇 트레이너가 꼭 필요하단다."

인공 지능 로봇이 인간과 함께 살기 위해서는 결국 사람의 손길이 필요하대요.

"조미롯의 오늘 수업은 다양한 선생님들의 경험과 조미롯의 생각이 결합된 형태였어. 집중력이 짧은 민지의 특성을 고려해 민지가 좋아하는 만화 이야기로 구성해 설명했지."

로봇 트레이너는 로봇이 주어진 업무를 수행할 수 있도록 마치 아이를 가르치듯 모방과 반복을 통해 교육한다고 했어요. 꾸준한 교육과 훈련이 로봇 트레이너가 할 일이라며 생각보다 보람 있는 직업이라고 했지요.

로봇 트레이너가 하는 일은 굉장히 많았어요. 운동선수들의 훈련 파트너로 로봇을 성장시키거나 산업 현장에 투입되는 작업형 로봇도 훈련한대요.

하나를 알려 주면 열 개를 안다는 인공 지능 로봇을 가르치는 사람이 있다니 민지는 로봇 트레이너라는 직업이 신기하고 놀라울 뿐이었어요.

민지의 걸음이 빨라졌어요. 친구들을 만나면 로봇 트레이너에 대해 이야기해 주고 싶었거든요.

미래의 직업 탐구 : 로봇 트레이너

로봇이 주어진 업무를 오류 없이 수행할 수 있도록 마치 아이를 가르치듯 모방과 반복을 통해 교육하고 훈련시켜 가정과 산업 현장에 투입해요. 인공 지능 로봇은 학습 알고리즘을 통해 행동을 관찰하고 새로운 정보를 획득해요. 하지만 인공 지능이 인간의 경험을 따라올 수 없는 부분이 있고 학습 및 의사 결정 오류가 발생할 수 있기 때문에 로봇 트레이터의 역할이 무엇보다 중요해요.
로봇 트레이너가 되고 싶다면 로봇에 관심이 많고 소통 능력과 참을성을 갖추면 좋겠지요?

유사 직업

디지털 동작 분석 공학자
아이돌 그룹의 안무나 운동선수의 동작을 데이터화해 다양한 콘텐츠를 만들어 내고 데이터화한 동작을 분석해 알려 주기도 해요.

IT 스포츠 전략 분석가
정보 통신 기술과 빅데이터를 이용해 경기를 분석하고 그래픽으로 표현하는 직업이에요. 경기를 쉽고 재미있게 볼 수 있도록 다양한 자료 영상을 보여 주기도 해요.

두뇌 시뮬레이션 전문가
인간 두뇌의 생리 과정과 기능에 대해 시뮬레이션을 구축하는 사람이에요. 두뇌의 구조와 기능을 정확하게 이해해 반도체 설계에 활용하고 다양한 응용 방법도 개발해요.

인공 지능

인공 지능(Artificial Intelligence, AI)은 인간의 뇌가 아닌 기계를 통해 만들어진 지능이라고 할 수 있어요.
초기에는 미리 정의된 규칙을 학습하여 지능을 흉내 내는 단계였으나 현재는 컴퓨터가 인공 신경망과 딥러닝 기술을 통해 스스로 학습하거나 사고할 수 있게 되었어요. 이러한 인공 지능은 자율 주행 자동차, 의학 진단, 작곡, 그림, 게임 등에도 활용되고 있어요.
4차 산업 혁명으로 인공 지능이 인간을 대체하여 점차 인간의 직업이 줄어들 것이라는 우려도 있어요.

4 매분구 〉〉〉 쇼핑 호스트 〉〉〉 로봇 판매 전문가

⏳ 과거
매분구 〉〉〉 여인의 마음을 사로잡다

　매분구가 아가씨를 찾아왔어요. 커다란 보따리를 두 개나 들고요. 마당을 쓸고 있던 연이는 빗자루를 팽개치고 매분구를 따라 아가씨 방으로 들어갔어요. 매분구가 보따리를 풀자 형형색색의 아름다운 화장품과 도구들이 자르르 펼쳐졌어요.

　매분구는 향갑을 열어 아가씨에게 향을 맡게 했어요. 연이도 아가씨를 따라 향을 맡았어요.

　"요 향갑이나 향낭을 지니고 다니면 지나가는 사람도 뒤돌아볼 만큼 매혹적인 향이 풍길 것입니다요."

　아가씨가 검정색의 기다란 막대기에 대해 묻자 매분구는 눈썹을 그리는 미묵이라고 했어요. 그러면서 요즘 유행하는 눈썹 모양을 알려 주겠다며 연이의 눈썹을 미묵으로 그렸지요. 뺨이 발

우리 생활을 편리하게 103

그레하게 보여야 한다며 연지도 발라 줬어요.

연이는 거울을 보았어요. 매분구의 손을 거쳐 간 얼굴은 아가씨만큼이나 예쁘고 고왔어요. 밖에 나가면 사람들이 양반으로 볼 것 같았어요. 매분구는 연이의 손이 거칠다며 화장품 하나를 건넸어요.

"돼지 발 기름으로 만든 건데 한 번만 발라도 손이 반질반질해집니다."

연이는 어떤 화장품보다 돼지 발 기름이 제일 탐났어요. 늘 손에 물을 묻히는 자신에게 꼭 필요한 물건 같았기 때문이에요.

아가씨가 이런 연희의 마음을 눈치챘는지 돼지 발 기름을 사 줬어요. 다 쓰면 또 사 주겠다는 말도 해 주었죠.

과거의 직업 탐구

매분구는 화장품을 판매하는 사람이에요. 숙종실록에 언급된 화장품 행상인의 명칭이지요. 조선 시대에는 여인의 외출이 오늘처럼 자유롭지 못했기 때문에 방문 판매원인 매분구가 집집마다 찾아다니며 화장품을 판매했어요. 여인들 사이에 유행하는 화장법을 알려 주기도 했어요.

🏺 현재
쇼핑 호스트 >>> 소비자의 마음을 사로잡다

　소연이는 쇼핑 호스트 체험관으로 들어갔어요. 체험관은 실제 홈 쇼핑 무대처럼 밝고 화사하게 꾸며져 있었어요. 무대 옆의 상품 진열대에는 가방, 운동화, 옷, 화장품 등이 골고루 전시되어 있었고요.
　"쇼핑 호스트의 세계에 온 걸 환영한다, 친구 이름은?"
　"저, 저는 박소연인데요."
　소연이는 갑자기 들려온 높은음의 목소리에 당황해 더듬거렸어요. 무대 뒤에서 선생님이 걸어 나왔어요.
　"쇼핑 호스트에게 목소리는 무기라고 할 수 있어. 전쟁터에 나가는 병사에게 총이 무기인 것처럼. 그런 의미에서 쇼핑 호스트의 첫 번째 체험은 발성 연습이다, 알겠니?"
　"네."
　선생님이 배에 힘을 주고 소리를 멀리 던지듯 보내라고 했어요. 목에서만 소리를 내면 예쁜 소리도 나오지 않을 뿐더러 목이 금방 상한다고요.

"아, 아, 아, 아."

소연이는 선생님이 시키는 대로 배에 힘을 주고 소리를 냈어요. 목소리가 더 우렁찬 것 같았어요.

"쇼핑 호스트는 홈 쇼핑 채널을 통해 각종 상품에 대한 정보를 제공해 소비자들이 상품을 사도록 유도하는 사람이야. 따라서 목소리에 설득력이 있고 발성이 정확해야 하지. 이번에는 상품 소개를 해 볼까?"

선생님이 진열대에 있는 상품 중에서 하나를 고르라고 했어요. 소연이는 고민 끝에 운동화를 선택했어요.

"좋아, 쇼핑 호스트는 상품에 대해 철저히 사전 조사하고 시장 동향까지 파악해야 해. 보통 상품을 직접 사용해서 장점과 단점을 파악하지. 잊지 말아야 할 것은 쇼핑 호스트는 판매자이면서 소비자라는 사실이야. 소비자 입장에서 사용하고 생각해야 소비자가 궁금해하는 것들을 명확히 알려 줄 수 있거든."

소연이는 선생님 말을 귀담아들으며 소개할 운동화의 브랜드를 컴퓨터로 검색하고 쇼핑 후기도 꼼꼼히 읽었어요. 직접 운동화를 신은 다음 걸어 보고 뛰어 보기도 했어요. 다른 브랜드의 비

숱한 운동화를 찾아 비교해 보기도 했고요. 시간이 바람처럼 지나갔어요.

소연이가 선생님 앞에 섰어요. 선생님은 긴장을 풀고 친구에게 이야기하는 것처럼 하라고 조언했어요.

"안녕하세요, 쇼핑 호스트 박소연입니다. 오늘은 몸이 편해서 그런지 마음까지 아주 편안합니다. 왜냐고요? 바로 이 운동화 때문입니다."

소연이는 신고 있는 운동화를 앞으로 뽐내듯 내밀었어요. 오래 걷거나 높이 뛰어도 발바닥이 아프지 않다며 밑창 아래에 들어간 쿠션 샘플도 보여 줬어요.

"운동화 끈이 부드러운 소재라 자꾸 풀리더라고요. 그런데 이렇게 운동화 끈을 두 번 묶으면 절대 풀리지 않아요. 두 번의 매듭으로 끈 모양도 살릴 수 있고요. 이 운동화를 신고 달려 보고 싶지 않으세요?"

선생님이 엄지손가락을 추켜세우며 칭찬했어요. 편안한 목소리도, 상품 설명도 아주 좋았다고요. 선생님의 칭찬에 힘입은 소연이는 쇼핑 호스트 체험을 선택하길 잘했다고 생각하며 체험관을 나섰어요.

미래

로봇 판매 전문가 >>> 로봇을 팔다

쇼핑 호스트 체험을 마친 소연이에게 작은 상자가 배달됐어요. 상자 안에는 로봇 판매 전문가 정다운 팀장이라고 적힌 명함과 약도가 있었지요.

"로봇 판매 전문가?"

소연이는 로봇 판매 전문가라는 낯선 직업에 호기심이 생겨 약도를 따라 스마트 도시에 있는 구즈 타운으로 들어갔어요.

예쁘게 전시된 옷, 신발, 장난감들이 소연이의 눈길을 사로잡았어요. 그리고 소연이를 반기는 목소리가 들렸지요.

"구즈 타운 방문이 처음이시죠? 2층 로봇 상품 전문점에서 정 팀장님이 기다리고 있어요. 즐거운 쇼핑 되세요."

소연이는 누구의 목소리인지 궁금해 주위를 둘러봤어요. 눈에 보이는 것은 크고 작은 모니터들과 CCTV뿐이었어요. 소연이는 의아해하며 에스컬레이터를 타고 올라갔어요.

"기다리고 있었어. 나는 정다운, 이쪽은 로봇 정이야."

정 팀장님이 로봇과 함께 소연이를 반겼어요.

정 팀장님은 로봇 정과 함께 매장을 둘러보라고 했어요. 개인 서비스용 로봇들이 전시되어 있었어요. 축구공부터 스탠드 모양, 앞치마를 입고 있는 로봇 등 크기와 모양이 제각기 다른 로봇들이 소연이의 눈을 사로잡았어요. 소연이는 축구공도 로봇이냐고 물었어요.

"그럼, 축구 연습용 로봇이지."

로봇 정이 말하고는 축구공을 소연이에게 던졌어요. 얼떨결에 축구공을 손에 받은 소연이는 "축구 할래?"라고 말하는 공 때문에 깜짝 놀랐어요. 멍하니 서 있는 소연이에게 정 팀장님이 다가왔어요.

"축구 로봇은 일반용과 전문가용이 있는데 소연이가 들고 있는 것은 일반용으로 아이들이 장난감처럼 가지고 놀 수 있어."

아이의 성장 단계에 맞춰 공의 세기나 사용 언어를 선택할 수 있었어요. 축구할 때 축구 로봇이 즐거운 게임 상대이자 친구가 되어 준다고 했어요.

"젊은 층들이 즐겨 찾는 로봇은 가사 도우미 로봇이야. 여기 앞치마를 두른 로봇 보이지?"

가사 도우미 로봇에는 음식 관련 레시피가 2000개나 저장되어 일류 요리사의 요리가 부럽지 않을 거라고 했어요. 청소와 빨래도 알아서 척척 해 주기 때문에 인기가 많대요.

할아버지 할머니들이 많이 찾는 로봇은 실버 도우미 로봇이래요. 약 먹을 시간을 알려 주거나 매일 건강 상태를 체크해 지정 병원으로 정보를 전송하는 실버 도우미 로봇은 말벗으로도 많이 팔린다고 했어요.

"미래에는 로봇과 생활하는 시간이 많은 것 같아요."

소연이가 말했어요.

정 팀장님은 미래에는 로봇이 생활에 없어서는 안 될 존재라고 했어요.

"과거에 로봇은 정해진 업무만 정확하게 해냈어. 하지만 미래의 로봇은 인공 지능에 의해 데이터를 모아 스스로 상황을 판단하고 행동해. 로봇이 할 수 있는 일이 아주 많아진 셈이지. 그래서 다양한 로봇의 종류를 알고 소비자가 원하는 로봇을 선택하도록 도움을 주는 로봇 판매 전문가가 필요한 거지."

정 팀장님과 함께 3층으로 올라간 소연이는 "우아!"라는 감탄사가 절로 나왔어요. 영화에서 보던 아이언맨과 공룡, 다양한 크기의 드론과 의사 가운을 걸친 로봇과 판사복을 입은 로봇, 구급 로봇 등 그야말로 로봇 세상이었거든요.

"전문 서비스용 로봇들이야. 작업복 차림의 로봇은 마트에서 상품을 포장하고 진열하는 로봇이야. 드론은 택배나 배달 음식을 전달하지. 바쁜 직장인들의 일정을 관리해 주고 사무를 보조하는 개인 비서 로봇도 있어."

선생님은 미래가 아닌 현재에도 비서 역할을 하는 스피커가 있다고 했어요.

"인공 지능 스피커인 에코나 기가 지니를 알고 있니?"

"네."

소연이는 며칠 전 아빠가 사온 기가 지니를 떠올렸어요. 스피커 모양의 작은 기계로 "아침 일곱 시에 알람 울려 줘."라고 하면 정확히 일곱 시에 일어날 시간이라고 말했어요. 음악은 물론 즐겨 보는 웹툰 정보도 알려 주고 때로는 동생의 말벗도 되어 주었어요.

"이건 뭐예요?"

아이언맨처럼 생긴 로봇을 가리키며 소연이가 물었어요.

"수색 로봇이야. 지진이나 화재로 건물이 붕괴된 재난 현장에

투입되는 로봇이야. 적외선 카메라와 열 감지 센서가 달려 있어 재난 현장 구석구석을 훑으며 매몰되거나 고립된 사람을 찾지. 그 옆에는 구조 로봇이야. 수색 로봇이 보내 준 정보를 받아 위험에 빠진 사람을 구조해."

"로봇의 기능이나 특징을 모두 알아야 하는데 저도 로봇 판매 전문가가 될 수 있을까요? 외우는 건 너무 싫은데."

"힘든 만큼 재미있고 뿌듯한 직업이야. 로봇으로 인해 사람들의 삶이 더 나아지면 로봇을 만드는 사람도 판매한 사람도 정말 보람 있거든. 소연이도 도전해 볼래?"

"생각해 볼게요."

소연이는 나중에 어떤 직업을 갖더라도 정 팀장님처럼 보람을 느끼면 좋겠다고 생각했어요.

미래의 직업 탐구 — 로봇 판매 전문가

일상생활에서 밀접하게 쓰이는 개인용 로봇이나 산업용 또는 전문 서비스용 로봇의 특징을 구매자에게 설명하고 그들의 결정을 돕는 사람이에요.

로봇 판매 전문가가 되려면 적극적이고 개방적인 성격이 좋아요. 개인의 취향과 필요성을 파악해 친절하게 설명해야 하므로 화술이 뛰어난 사람에게 유리하답니다. 많은 사람을 대하는 직업이므로 친화력과 원만한 대인 관계를 유지하는 능력도 필요해요.

유사 직업

로봇 지능 개발자
로봇이 사람처럼 느끼고 생각하며 스스로 의사결정할 수 있도록 알고리즘이나 프로그램을 개발해요.

로봇 공연 기획자
로봇을 이용하여 공연이나 퍼포먼스와 같은 문화 콘텐츠를 만들어 내는 사람이에요. 로봇의 특성에 맞춰 개성 있는 무대를 기획하고 홍보해요.

로봇 심리학자

인간과 로봇의 관계를 연구해요. 로봇 분야에 심리학과 사회학, 철학 등의 인문학을 연결시켜 로봇과 인간이 공존하는 세상을 준비하는 사람이에요.

인공 지능 스피커

인공 지능 스피커는 인공 지능을 기반으로 음성 인식이 가능해 개인 비서처럼 편리한 생활을 누릴 수 있도록 도와줘요. 개인 일정을 알려 주고 쇼핑에 도움을 주고 메일을 음성으로 읽어 주고 음악, 날씨, 여행, 궁금한 정보를 대화하듯 주고받을 수 있죠.
또한 사용자의 행동 습관과 취향을 분석해 스마트 텔레비전, 에어컨, 보일러, 공기 청정기 등 사물 인터넷으로 연결된 기기를 스스로 조작할 수 있어요. 사용자의 목소리만으로 집 안의 기기를 편리하게 제어할 수 있지요.

우리 생활을 풍요롭게

스마트도시

1. 의원 >>> 의사 >>> 기억 수술 외과 의사
2. 역관 >>> 외교관 >>> 과학 기술 협력 전문가
3. 대령숙수 >>> 요리사 >>> 곤충 요리 전문가
4. 호위 무사 >>> 경호원 >>> 유전자 상담사

1 의원 ⟩⟩⟩ 의사 ⟩⟩⟩ 기억 수술 외과 의사

⏳ 과거

의원 ⟩⟩⟩ 지렁이로 꿈을 이루다

약초꾼들이 유희춘 의원의 종기에 대해 이러쿵저러쿵 떠들었어요. 용하다는 의원들이 다녀갔지만 차도가 없다며 큰일이라고 했어요.

"콩알만 한 종기가 커져 얼굴 전체를 뒤덮었다는구먼."

약초꾼들 사이에 있던 허준은 유 의원의 종기가 궁금했어요. 서둘러 산을 내려온 허준은 곧장 유 의원의 집을 찾아갔어요. 듣던 대로 유 의원의 얼굴에는 큰 종기가 있었어요. 허준은 고민 끝에 유 의원에게 말했어요. 어떠한 약재도 듣지 않고 침으로도 낫지 않는다면 마지막으로 해 볼 수 있는 방법이 딱 하나 있다고 말이에요.

"의원님의 종기는 지렁이로 치료할 수 있습니다!"

허준의 말을 들은 유 의원은 어이가 없었어요. 의원도 아닌 자가 지렁이로 종기를 고칠 수 있다고 하니 믿기지 않았거든요. 그러나 확신에 찬 허준의 목소리와 빛나는 눈빛 그리고 지푸라기라도 잡아야겠다는 마음에 유 의원은 치료를 허락했어요.

허준은 지렁이즙을 유 의원의 종기에 발랐어요. 지렁이 가루를 빻아 종기 주위에 뿌리기도 했고요.

"없어졌다! 없어졌어! 종기란 놈이 어디를 간 거냐. 네가 고친 게냐 지렁이가 먹어 치운 게냐, 하하! 아무튼 지렁이가 큰일을 해 냈구나, 하하!"

며칠 뒤, 거울을 본 유 의원이 소리쳤어요. 유 의원은 허준에게 고맙다며 의원이 되어 보겠냐고 물었어요. 허준은 유 의원의 말에 가슴이 벅차올랐어요. 의원이 되고 싶다는 꿈이 이뤄지는 순간이었기 때문이에요.

허준은 유 의원의 가르침을 받으며 의원의 길에 들어섰답니다.

과거의 직업 탐구

의원은 사람들의 병이나 상처를 치료하던 사람이에요. 과거 시험 의과에 합격하면 관직에 진출할 수 있었어요.

조선의 의료 체계는 전의감, 내의원, 혜민서 등의 국가 기관 중심이었어요. 전의감은 신하들의 건강을 보살피고 의학 교육, 의과 시험을 주관했어요. 내의원은 왕의 건강을 책임졌고, 혜민서는 서민들의 병을 고치고 약제를 공급했어요.

현재
의사 >>> 기적을 만들다

"어떤 직업을 체험할 거야?"

"고민 중이야. 누가 대신 결정해 주면 좋을 텐데. 의사 체험을 해 볼까?"

친구와 이야기 끝에 연우가 선택한 것은 의사였어요. 연우가 의사 체험실의 문을 두드리기도 전에 문이 열렸어요.

"서두르자 친구, 오늘 체험은 병원에서 해야 하거든."

연우는 실제 현장을 방문해 체험하는 직업도 있다는 말을 떠올리며 의사 선생님을 따라갔어요. 연우가 도착한 곳은 소아과 응급 센터였어요. 연우는 의사 선생님과 간호사를 따라 제일 안쪽으로 갔어요.

거즈를 머리에 둘둘 말고 있는 아이와 엄마가 보였어요. 아이는 무서운지 의사 선생님을 보자마자 엄마의 가슴에 얼굴을 묻었어요.

"일곱 살 김준, 의자 모서리에 뒷머리를 찍혔답니다."

간호사의 설명을 들은 의사 선생님이 준이의 머리에 감겨 있는 거즈를 만지려 하자 준이가 울기 시작했어요. 고사리손으로 의사 선생님의 손을 거칠게 뿌리치며 말이에요.

"소독부터 하죠."

의사 선생님은 그새 준이의 상처를 본 모양이었어요. 연우는 '의사는 눈도 좋아야겠구나.'라고 생각했어요. 의사 선생님의 지시를 받은 간호사가 자리를 뜨자 준이는 엄마 품에 더욱 파고들며 울었어요.

"준이가 많이 아프구나. 세상에 있는 뾰족한 의자는 선생님이 다 없애 줄게. 준이 마음 놓고 놀 수 있게 말이야."

의사 선생님이 준이와 눈을 맞추며 마음을 보듬으려 애썼어요. 그러나 준이의 태도는 변하지 않았어요. 연우는 뭐라도 해야겠다는 생각에 왼쪽 팔을 준이에게 내밀었어요.

"준아, 형 팔에 난 상처 보여? 며칠 전에 자전거 타다가 넘어져서 다친 거야. 형은 이만큼이나 다쳤는데 준이 상처는 작아. 형은 병원에 가지 않겠다고 고집부리다가 상처가 곪았는데 준이는 용감해서 병원도 빨리 왔잖아. 치료하면 하나도 안 아플 거야. 빨리 치료하고 형이랑 놀자."

짜증만 내던 준이가 연우의 팔을 보았어요. 팔의 거무스름한 딱지들을 보던 준이의 울음이 조금씩 잦아들었어요.

"형도 아팠어?"

연우는 고개를 끄덕였어요. 의사 선생님이 연우에게 미소를 보냈어요.

의사 선생님이 치료하는 동안 연우는 준이의 손을 꼭 잡아 주었어요. 의사 선생님은 준이의 고통을 줄여 주려는 듯 빠른 손놀림으로 치료를 마쳤어요.

준이는 같이 놀자며 연우를 따라나섰어요. 준이와 시간을 보낸 연우는 환자의 마음까지 돌보는 의사가 돼야겠다고 생각했어요. 별생각 없이 선택한 의사 체험이었지만 잊지 못할 것 같았어요. 병원을 나선 연우는 엄마에게 문자를 보냈어요.

"엄마, 나 의사가 되기로 결심했어."

⏳ 미래
기억 수술 외과 의사 >>> 기억을 지우다

연우는 미래의 의사 모습을 상상하며 스마트 도시로 왔어요.

"김 박사님을 만나러 온 친구구나. 이쪽으로 가자, 박사님이 기다리고 계셔."

연우는 간호사를 따라 기억 수술 외과 의사라고 적힌 방으로 들어갔어요.

"나를 만나러 온 걸 보니 의사 체험을 했겠구나."

박사님의 질문에 연우가 그렇다고 답하며 물었어요.

"미래에는 로봇 의사가 등장한다던데 정말이에요?"

박사님이 고개를 끄덕이자 연우가 또 물었어요.

"박사님도 로봇이에요?"

박사님이 웃으며 대답했어요.

"허허허, 궁금증이 많은 친구구나. 로봇 의사들이 있다고 했지 내가 로봇이라고는 안 했다."

박사님은 의사와 로봇 의사는 하는 일이 다르다고 했어요. 로봇 의사가 직접적인 진찰과 치료, 수술을 한다면 로봇이 제시한 진찰 결과가 맞는지 확인하고 치료법이나 수술 방법들 중 무엇을 선택할지 최종적으로 판단하는 것은 의사가 할 몫이라고요.

"반가워, 나는 환자의 고통과 슬픔을 치유하는 기억 수술 외과 의사야. 기억 수술은 자신이나 다른 사람에게 해를 끼칠 수 있는 나쁜 기억이나 폭력적인 성향을 제거하는 것이야. 뇌 의학이 발달하면서 정신 질환을 수술로 치료하는 것이 가능해졌지."

박사님이 말했어요.

기억을 없애는 수술이라는 말에 놀란 연우가 기억을 수술할 수 있냐고 물었어요.

"미래에선 가능하단다."

박사님이 뇌 그림을 보며 주며 말을 이었어요.

"인간이 가진 뇌의 중요한 기능 중 하나가 기억이야. 끔찍한 사고나 충격적인 경험들이 뇌 깊이 저장되어 일상생활에 고통을 주기도 하지. 때론 인간이 가진 폭력성으로 인해 파괴적인 행동을 하게 되는데 이러한 요인을 제거할 수 있단다."

박사님은 기억해야 할 것들이 기억나지 않아 고통받는 사람들에게는 기억을 찾아 줄 수도 있다고 했어요.

그때 환자 수리온이 박사님을 찾는다는 연락이 왔어요. 연우는 박사님과 함께 입원실로 발걸음을 옮겼어요.

"수리온은 화재로 몸과 마음에 상처를 입은 아이야. 성난 불구덩이에서 겪었던 고통이 수리온을 괴롭히지."

방문을 열자 팔에 감은 붕대와 문드러진 한쪽 귀가 연우의 눈에 들어왔어요. 수리온은 창문이 활짝 열려 있는데도 숨이 막힌다고 했어요.

"아악! 불이야, 불!"

수리온이 갑자기 소스라치게 놀라며 소리 질렀어요. 손으로 머리를 감싸며 불을 꺼야 한다고요. 박사님이 불이 아니라고 괜찮다며 수리온을 달랬어요.

수리온의 엄마는 주먹을 꽉 쥐며 천장을 봤어요. 굳게 다문 입술이 눈물을 참는 듯했어요.

수리온이 진정되자 수리온의 엄마가 말했어요.

"수술 날짜를 당길 수 있을까요? 끔찍한 기억으로부터 하루빨리 벗어나게 해 주고 싶어요."

박사님은 최대한 빨리 수술할 수 있도록 일정을 조정하겠다고 했어요.

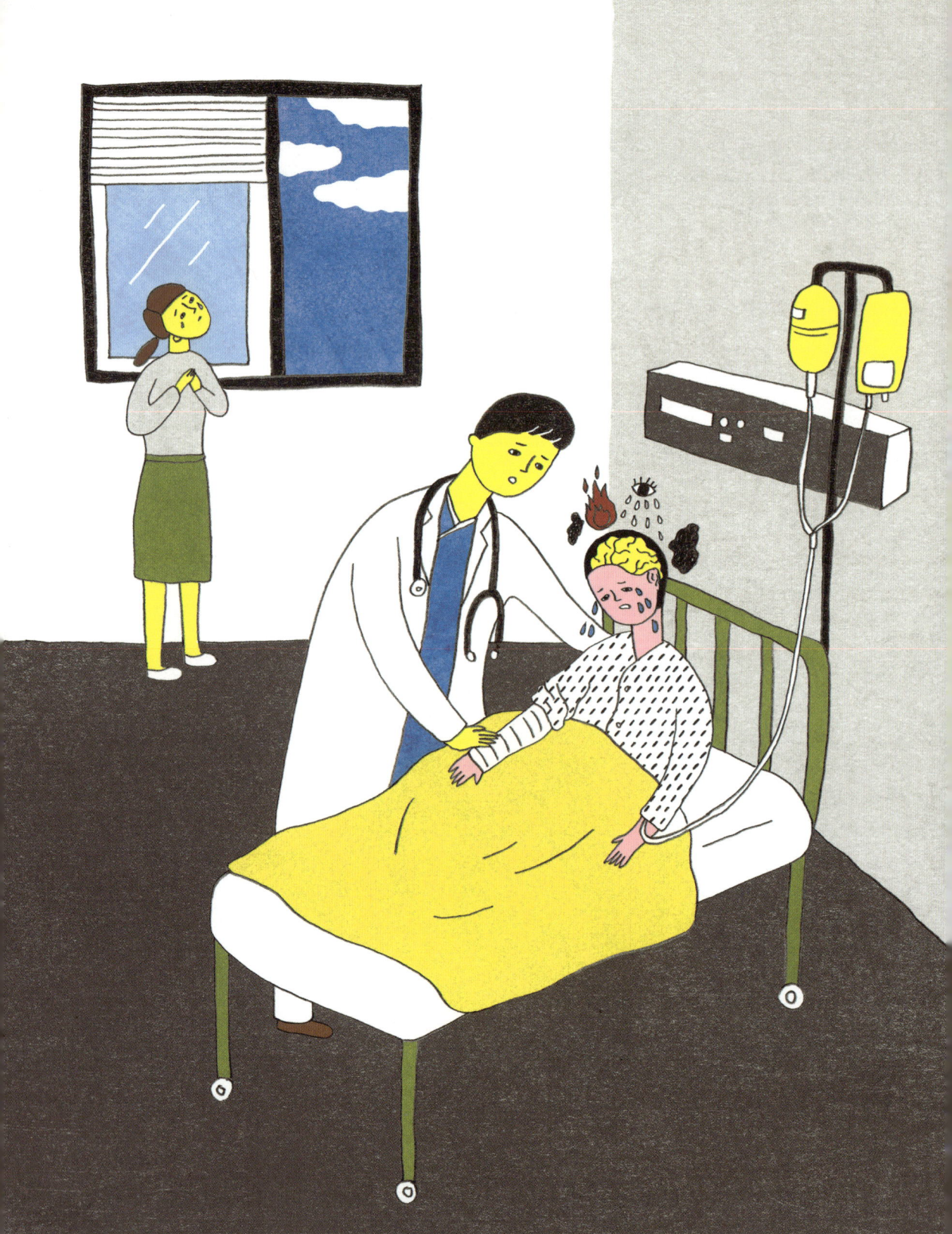

"기억 수술과 함께 인공 귀와 인공 피부로 화재의 흔적까지 없앨 계획이에요."

방으로 돌아온 연우는 박사님에게 물었어요.

"박사님, 인공 귀와 인공 피부는 어떻게 만들어요?"

박사님은 의료용 3D 프린팅 기술을 이용해 인공 장기를 만든다고 했어요.

"글자나 그림을 종이에 인쇄하는 프린터는 2D프린터라고 해. 3D 프린터로는 물건을 인쇄할 수 있지."

고개를 갸우뚱하는 연우에게 박사님이 천천히 설명했어요.

3D 프린터는 컴퓨터 디자인 프로그램으로 만든 3차원 도면을 바탕으로 입체적인 물건을 만들어 내는 기계라고요.

"병이나 화상 등으로 상실한 피부와 뼈를 3D 프린터를 이용해 만들 수 있단다."

인공 장기는 환자로부터 채취한 줄기세포에 세포를 증식시키는 단백질 성장 인자 등을 섞어서 인쇄할 수 있대요.

연우는 박사님이 보여 준 인공 귀를 보고 깜짝 놀랐어요.

"진짜 같아요! 기술력이 대단하네요."

연우가 또 다른 인공 장기들을 보며 미래의 기술에 푹 빠진 채

물었어요.

"미래 기술로 안 되는 것은 뭘까요?"

"글쎄다, 앞으로의 기술 발전은 연우 같은 어린이들의 노력에 달렸지."

기억 수술 외과 의사 체험을 마친 연우는 박사님의 말을 오래 기억하기로 했어요. 그리고 미래에 뒤처지지 않는 사람이 되기 위해 매시간 알차게 보내야겠다는 다짐도 했어요.

미래의 직업 탐구 — 기억 수술 외과 의사

기억 수술 외과 의사는 정신 질환을 수술로 치료하는 의사예요. 미래에는 우울증이나 알츠하이머를 치료하고 해를 끼치는 나쁜 기억이나 폭력적인 행동을 지시하는 인자를 제거할 수 있다고 해요.

기억 수술 외과 의사가 되려면 의사 면허 취득 후 수련의 과정을 거쳐 신경외과 전문의 자격을 취득해야 해요.

수술을 위한 정교한 손동작이 가능해야 하며 치료 방법에 대한 빠른 판단력과 분석력이 필요하고 위급 상황에 효과적으로 대처할 수 있어야 해요. 또 생명을 존중하는 마음을 가져야 해요.

유사 직업

생체 로봇 외과 의사
사람의 손상된 장기나 신체의 일부를 생체 로봇으로 대체해 자유롭게 움직이도록 하는 의사예요.

의료 빅데이터 과학자
유전자와 관련된 임상 정보를 분석해 유전자와 각종 질병 관계를 연구하는 직업이에요. 개인 건강 빅데이터를 활용해 개인에게 맞춤형 진료를 제공하기도 하지요.

치매 치료사
치매 가족의 문제를 파악하고 문제 해결을 위한 자료를 수집·분석해 대안을 제시하고 도와요. 치매가 더 나빠지지 않도록 관리하고 가족의 상처를 보듬어요.

3D 프린팅

3D 프린팅 기술은 종이에 글자를 인쇄하는 기존 프린터와 비슷하지만 분말이나 액체 형태의 재료를 한 층씩 쌓아 굳혀 3차원 입체물을 제작하는 기술이에요. 열을 이용해 플라스틱이나 실리콘, 금속 재료로 복잡한 모양도 쉽게 제작할 수 있으나 품질이나 강도가 높지 않고 다양한 재료를 쓸 수 없다는 단점이 있어요.

하지만 복잡한 형태나 맞춤형 제작이 가능하기 때문에 다양한 분야에서 개발하는 중이에요. 비행기 부품, 친환경 건축물, 의료용 기구를 제작할 수 있고 더 나아가 인체 세포를 사용한 인공 장기나 맞춤형 의약품을 만드는 등 무궁무진하게 활용될 수 있어요.

2 역관 〉〉〉 외교관 〉〉〉 과학 기술 협력 전문가

⏳ **과거**
역관 〉〉〉 나라를 구하다

　송나라와 전쟁을 앞둔 거란은 고려가 송나라와 연합할 수 있다는 생각에 993년 10월, 80만 대군을 이끌고 압록강을 넘어 고려를 침략했어요.

　"전하, 저들이 원하는 것은 따로 있을 것입니다. 소인이 적장을 만나 거란의 침략 의도를 알아내겠습니다."

　서희는 으름장을 놓는 거란의 속셈을 파악하기 위해 적의 진영으로 갔어요.

　"고려는 신라 땅에서 일어났고 거란은 고구려 땅에서 일어났소. 고구려의 옛 땅 또한 우리 거란의 것이니 고려가 차지하고 있는 서경 이북의 땅을 당장 내놓아야 할 것이오. 더불어 고려는 국경을 맞대고 있는 거란과 친하지 않고 어찌 바다 건너 송나라와

만 교류하는 것이오?"

송나라의 장군 소손녕이 소리쳤어요. 그러고는 송나라와 국교를 끊는다면 해를 입히지 않고 돌아갈 것이라 덧붙였지요.

"고구려를 계승한 나라는 거란이 아니라 고려요. 그래서 나라 이름도 고려라 지은 것이니 거란이 차지한 고구려 땅을 내놓아야 마땅할 것이오. 또한 거란과 친교를 맺지 못하는 것은 고려와 거란 사이에 있는 여진족이 방해를 하기 때문이오. 만약 여진족을 몰아내 준다면 고려는 거란과 국교를 맺을 수 있을 것이오."

서희의 말에는 고려의 북진 정책에 거란을 이용하겠다는 속셈도 있었지요. 소손녕은 서희의 제안을 황제에게 보고했고 황제가 이를 수용하면서 거란의 군대는 철수했어요.

서희의 전략으로 고려는 거란과의 전쟁을 피하고 옛 고구려 땅의 일부까지 얻어 냈어요. 뛰어난 지략과 빠른 판단력을 갖춘 서희야말로 고려 시대 최고의 역관이라 할 수 있겠지요?

과거의 직업 탐구

역관은 외교에서 주로 통역의 임무를 담당했던 관직이에요. 역관은 조선 왕조의 외교에 없어서는 안 될 존재였어요. 조정의 대신들은 역학

(외국어를 공부하고 연구하는 학문)과 역관을 천하게 여기면서도 역관의 임무가 국가의 중대사임을 강조했지요.

조선은 초기부터 사역원과 승문원을 설치하고 인접 국가의 언어, 특히 중국어에 대한 학습을 장려했어요. 역관을 양성하기 위해 역관을 뽑는 과거 시험도 실시했답니다.

⏳ 현재
외교관 >>> 대한민국을 알리다

"이봐 친구! 체험관에서 뛰면 위험하다는 건 알고 있지?"

몰랐다고 말하려던 명서에게 선생님은 벌칙 대신 외교관 체험의 기회를 주겠다고 했어요. 명서는 할 수 없이 외교관 체험관으로 갔어요.

선생님은 여섯 나라의 어린이들이 파티에서 모여 외교관 체험을 할 거라고 했어요. 명서는 그 이유를 물었어요.

"외교관은 나라를 대표해서 다른 나라와 관계를 맺는 사람이야. 외국에 살고 있는 교민들을 보호하고 문화와 경제 교류에 앞장서는 등 다양한 일을 하지. 외교관들은 퇴근 후에 업무가 더 많아. 축하 연회나 저녁 식사, 각종 외교적인 행사가 저녁 시간에 이뤄지는데 이때 다른 나라의 외교관들을 만나 정보를 파악하고 공유해야 하기 때문에 파티에 초대받으면 참석해야 한단다."

명서는 '대한민국 외교관 김명서'라고 적힌 명찰을 목에 걸고 파티장 앞에 섰어요. 귓속형 음성 인식 장치로 동시통역이 되어 언어 걱정은 없었지만 나라의 대표로 나선다니 부담이 되었어요. 파티장에는 스페인, 프랑스, 영국, 러시아, 인도네시아를 대표하는 아이들이 있었어요. 명서는 떨지 않으려 애쓰며 인사했어요.

"반가워, 나는 대한민국 외교관 김명서라고 해."

"반가워, 환영해, 만나게 돼서 기뻐."라는 말들이 음성 인식 장치를 통해 들렸어요. 명서는 각국 외교관들에게 부채를 선물했어요. 부채에는 한반도 지도가 그려져 있었어요.

"이 작은 섬이 독도야?"

프랑스에서 온 조나단의 질문에 이어 영국의 딘이 말했어요.

"독도는 일본 땅 아니야?"

명서는 기가 막혔어요. 독도를 일본 땅이라고 우기는 사람은 일본 사람이라고만 알고 있었거든요. 그러자 이번에는 스페인의 욜로가 말했어요.

"지난번 일본에 갔을 때 독도를 강제로 차지하고 있는 나라가 대한민국이라고 들었어."

명서는 솟구치는 화를 겨우 참았어요. 자신은 대한민국을 대표하는 외교관이라는 것을 생각하면서요.

"독도를 일본 땅이라고 우기는 건 일본의 억지야. 어린아이처럼 떼를 써서라도 독도를 빼앗겠다는 일본의 속셈이지. 독도를 대한민국 땅이라 자신 있게 말할 수 있는 증거는 굉장히 많아. 1693년에 일본으로 잡혀간 안용복이 울릉도와 독도가 우리 땅이라 주장했고 일본이 안용복의 주장을 받아들였어. 1946년에는 연합국이 일본이 강제 점유하고 있는 독도는 한국의 영토라고 인정했던 증거가 있는데 이것을 무시하고 무조건 자기네 땅이라고 우기는 건 잘못 아닐까?"

그러면서 자국에 이익이 된다고 남의 것을 함부로 빼앗으면 안 된다고 강하지만 부드럽게 말했어요.

"미안, 몰랐어. 앞으로 누구든 독도가 일본 땅이라고 하면 네가 한 말을 꼭 전할게."

욜로가 진심으로 미안해했어요. 체험을 마친 명서는 우연찮게

참여하게 된 외교관이라는 직업에 대해 진지하게 고민해 보기로 했어요. 짧은 시간이었지만 자신이 외교관의 임무를 아주 잘한 것 같아 뿌듯했거든요.

미래
과학 기술 협력 전문가 >>> 과학 기술을 알리다

"과학 기술 협력 전문가 체험관이라……."

명서가 고개를 갸우뚱거렸어요. 과학 기술 협력 전문가라는 직업이 어렵고 낯설게 느껴졌어요. 그때 고 박사님이 체험실로 들어선 명서를 반갑게 맞았어요.

"지금부터 알아볼 직업은 기술 분야의 외교관이라 불리는 과학 기술 협력 전문가란다."

과학 기술 협력 전문가는 뛰어난 과학 기술을 배우기 위해 다른 나라와 협력하거나 우리나라보다 뒤처진 나라에 과학 기술을 알리는 사람이래요. 미래에는 과학 기술 발전을 위해 나라 간의 협력이 무엇보다 중요하기 때문에 등장한 직업이라고 했어요.

고 박사님의 손목시계에서 회의 시작 5분 전이라는 음성이 들렸어요.

"저도 회의에 참석해요?"

"그럼!"

고 박사님은 오늘 회의는 음성 인식 기술의 문제점이 발견되어 열린다고 했어요. 이어폰을 착용한 고 박사님이 명서 귀에도 이어폰을 꽂아 줬어요. 고 박사님과 명서가 원형 탁자에 앉자 의자에 각국 대표들이 홀로그램으로 나타났어요.

"미리 말씀드렸다시피 음성 인식 기술에 문제가 생겼습니다."

A국 대표는 목이 쉬거나 주변이 시끄러우면 음성 인식 기능이 오작동을 일으킨다고 했어요. F국 대표는 음성 인식 기능을 활용하는 스마트 기기의 해킹 시도가 잦다며 보안을 강화할 필요가 있다고 했어요.

그러자 고 박사님이 우리나라 기술팀을 주축으로 문제를 해결하겠다고 말하며 덧붙였어요.

"음성 인식 기술이 뒤처진 나라에는 우리 기술팀을 파견해 기술을 전수하도록 하겠습니다."

"그렇게만 해 주신다면 언제든지 돕겠습니다."

A국과 F국의 대표가 기뻐했어요.

"지구 온난화의 속도가 너무 빠릅니다. 해결책이 시급한데 각국의 의견은 어떻습니까?"

C국 대표의 의견에 회의장이 다소 술렁거렸어요. 명서는 평소에 관심이 있었던 이야기라 귀를 쫑긋 세웠어요.

"지구 온난화의 해결을 위해서는 융합 과학을 활용하는 것이 어떨까요?"

D국의 대표는 자연 과학 분야가 발달한 나라에 온실가스를 성공적으로 줄이는 기술을 개발해 달라고 했어요. 사회 과학 분야가 발달한 나라에는 온실가스를 줄이기 위한 세계적인 정책 개발을 요청했어요. 그리고 각 나라에 지구 온난화를 막기 위한 여러 기술을 공유하자고 제안했어요.

명서는 환경 문제를 전 세계적으로 해결하기 위해 노력하는 과학 기술 협력 전문가들이 있어 다행이라고 생각했어요.

이번에는 로봇이 인간을 위협하는 상황에 대비하자는 의견이 나왔어요. 명서는 로봇이 인간을 위협한다고 생각하니 끔찍했어요. 고 박사님이 깊은 한숨을 뱉으며 말했어요. 인공 지능을 가진 감정 인식 로봇이 자신의 의지대로 감정을 표현하면 일어날 수도 있는 일이라고요.

각국의 대표들은 로봇의 위협에 대비는 하되 두려워해서는 안 된다고 이야기했어요.

"이런 문제일수록 나라 간 과학 기술 협력으로 대안 방법을 찾아야 합니다."

이에 F국 대표가 과학 기술 협력 센터를 만들어 공동 연구를 하는 것이 어떠냐고 제안했어요. 고 박사님과 C국 대표도 동의하며 전문가들을 자유롭게 교류하게 하고 정보도 언제든지 공유할 수 있도록 돕겠다고 했어요.

마지막으로 세계 평화를 위해 생물학 무기 추적 시스템을 공동으로 개발하자는 의견이 나왔어요. 명서는 생물학 무기 추적 시스템은 필요한 나라에서 개발하면 되지 않느냐고 물었어요. 그러자 고 박사님은 전 세계가 함께해야 생물학 무기의 사용을 막을 수 있다고 했어요.

회의를 끝낸 명서는 궁금한 것을 물었어요.

"박사님, 각국 대표들은 다 한국말을 할 줄 아나 봐요."

명서가 알아듣지 못한 말이 없었기 때문이에요.

고 박사님이 허허 웃으며 대답했어요. 다국어 자동 번역 기술이 내장된 스마트 이어폰 때문이라고요. 그러고는 명서에게 스마트 안경과 독일어로 된 책을 건넸어요.

"세상에!"

스마트 안경을 쓴 명서가 외쳤어요. 책 속의 독일어가 한국어로 자동 번역되어 보였기 때문이에요. 명서는 미래 기술이 놀라울 뿐이었어요.

명서는 꿈이 뒤죽박죽 섞이는 듯했어요. 아는 것만큼 보인다는 속담이 있듯이 직업은 파고들수록 나름의 매력이 있는 것 같았기 때문이에요.

미래의 직업 탐구 | 과학 기술 협력 전문가

과학 기술 협력 전문가는 다른 나라의 과학 기술을 배우기 위해 협력하거나 다른 나라에 우리의 과학 기술을 알리는 사람이에요. 과학, 공학, 인문학, 예술 등 다양한 분야에서 활동하는 사람들이 과학 기술 네트워크를 형성하여 지식을 교류하지요.

과학 기술 협력 전문가가 되려면 과학 지식을 기본으로 다른 나라의 문화와 역사 등을 공부하면 도움이 돼요. 새로운 기술 개발을 위한 창의적인 생각과 자유로운 사고를 할 수 있으면 더 좋겠지요. 상대의 마음을 움직이는 말과 태도도 필요해요. 이야기를 잘 풀어가는 능력이 있다면 도전해 보세요.

유사 직업

국제 협력 전문가
개발 도상국의 경제·사회 발전을 위해 국제 사회가 공동으로 협력하도록 관련 사업을 기획하고 실행하는 사람들이에요.

국제 기후 변화 전문가
기상 이변으로 인한 기후 변화에 적응할 수 있도록 기후 변화를 조사하고 정책 수립과 대응 방법 등을 연구해요.

미래 기술 사회 과학자
과학 기술과 관련한 경제, 환경 등 사회 전반적인 변화를 분석하여 미래 사회를 예측하고 조망하는 전문가예요.

융합 과학

융합 과학은 한 가지 학문의 연구가 아닌 인문학, 사회학, 예술, 공학, 과학 등의 여러 학문들을 결합·통합해서 응용하는 새로운 과학 분야를 말해요.

지구 온난화를 줄이려는 하나의 목표를 이루기 위해 자연 과학, 사회 과학, 경제학 분야의 전문가들이 힘을 합해 기술을 개발하거나 공학, 예술, 인문학 등의 다양한 학문을 융합해 MIT 미디어랩과 같이 창의적인 기술로 상상력을 실현시키기도 하죠.

나노 공학, 생명 공학, 정보 과학, 인지 과학, 인문학, 미디어 예술 등 다양한 학문이 융합 과학 기술의 틀을 이루고 있어요.

3 대령숙수 ⟫ 요리사 ⟫ 곤충 요리 전문가

⏳ 과거
대령숙수 ⟫ 임금을 위로하다

　인조 임금은 명나라와 친하게 지내고 후금을 멀리했어요. 후금이 명나라를 무너뜨리고 나라 이름을 청으로 바꾼 후에도 마찬가지였지요. 화가 난 청나라는 군대를 이끌고 조선을 침입했어요. 인조 임금과 신하들은 남한산성으로 들어가 대항했지요. 그렇게 남한산성 고립 16일째.

　"전하, 지원군과 보급품이 청군에 막혀 성내로 들어올 수 없다 하옵니다."

　군사들은 방한복 대신 빈 가마니를 쓰고 추위에 떨었어요. 부족한 식량으로 인해 끼니도 해결하지 못하는 상황에 보급품이 끊긴다면 전쟁에서 이길 승산이 없었어요.

　비축된 식량을 점검하던 대령숙수의 입에서도 긴 한숨이 새어

나왔어요. 임금에게 올릴 식량도 바닥을 드러냈기 때문이에요.

　남한산성 고립 42일째. 강화도가 청군에 의해 함락되어 소현 세자 일행이 인질로 잡혔다는 소식이 전해졌어요. 며칠을 고민하던 인조 임금은 항복을 결정했어요. 인조 임금의 항복 소식이 청군에 전해지자 청 황제의 명을 받은 용골대가 인조 임금은 곤룡포를 입을 수도 없고 남문으로 나와서도 안 된다고 했어요.

　소식을 들은 대령숙수는 분노를 삭이며 음식으로라도 인조 임금의 마음을 위로해야겠다고 생각했어요. 어떤 요리를 할까 고민하던 대령숙수는 소중히 길러 온 닭을 찾았어요. 재료라곤 닭과 약간의 쌀이 전부였지만 인조 임금의 기를 조금이라도 살려 주고자 정성을 담아 닭백숙을 요리했어요. 뽀얀 국물에 잘 익은 닭과 보드라운 쌀이 어우러진 맛깔스런 음식이었지요.

　인조 임금은 대령숙수가 차린 닭백숙을 보았어요. 식사가 끝나면 청 황제에게 머리를 조아려야 한다는 생각에 설움이 밀려오면서 감정이 복받쳤어요. 대령숙수의 정성을 생각하며 겨우 입만 댈 뿐이었지요.

　식사를 마친 인조 임금은 하급 관리의 의복인 남색 옷을 입고 낮고 좁은 서문으로 몸을 구부리며 성을 나섰답니다.

과거의 직업 탐구

대령숙수는 조선 시대 궁중의 남자 조리사를 일컫는 말이에요. 대령이란 왕명을 기다린다는 뜻이고 숙수는 요리사란 뜻이에요. 대령숙수는 궁궐로 출퇴근을 했으며 어린 아들을 조수로 데리고 다니며 가르쳐서 숙수의 자리를 물려주었어요. 대령숙수는 왕이 원하면 언제든 음식을 만들어야 했기 때문에 24시간 항시 대기해야 했어요. 때로는 권력 있는 양반집에 불려 가 요리를 하기도 했지요.

현재

요리사 >>> 맛의 세계로 초대하다

"요리사가 되고 싶은 김수아입니다."

수아의 소개를 들은 선생님이 요리사는 직접 요리를 만들어 봐야 한다며 조리실로 수아를 데려갔어요. 조리실에는 ㄷ자형 조리대와 냉장고, 개수대가 있었어요. 조리대에는 도마와 칼 등 다양한 조리 도구와 양념들이 보였어요. 선생님이 오늘 만들 요리는 떡볶이라고 했어요.

"수아표 떡볶이를 만드는 거야. 손을 씻고 냉장고에 있는 재료부터 꺼내 볼까?"

수아는 앞치마를 두르고 떡과 어묵, 채소를 준비했어요. 수아가 준비한 떡을 살펴본 선생님이 밀가루 떡을 선택한 이유가 있느냐고 물었어요.

"밀가루 떡이요?"

되묻는 수아에게 선생님이 말했어요. 밀가루로 만든 떡은 오래 끓여도 풀어지지 않아서 쫀득한 식감을 유지할 수 있다고요. 쌀가루로 만든 떡은 끓이면 끓일수록 부드러운 맛이 일품이라고 했어요.

선생님은 건강한 요리는 신선한 재료와 위생에서 나온다며 재료를 씻고 다듬는 것을 도와줬어요. 떡볶이 맛을 좌우하는 고추장과 고춧가루, 간장, 약간의 설탕과 파도 준비했어요.

"요리는 수아가 하는 거야. 선생님이 일러 주는 순서대로 수아표 떡볶이를 만드는 거지."

수아는 배운 대로 끓는 물에 떡을 데쳐 냈어요. 불을 사용할 때는 선생님의 도움을 받았어요.

냄비에 육수를 붓고 고추장과 간장을 넣었는데 양을 가늠하기가 쉽지 않았어요. 고추장에 비해 간장이 적게 들어간 것 같아 걱정되긴 했지만 그대로 두기로 했어요.

떡볶이가 끓어오르자 준비된 채소를 넣었어요. 빨갛기만 하던 떡볶이에 어묵과 채소가 들어가자 색감이 좋아지며 맛있는 냄새가 조리실을 가득 메웠어요.

국물 간을 본 수아는 짠맛에 얼굴을 찌푸렸어요. 싱거울 거라 생각했는데 국물이 졸면서 간이 세진 듯했어요. 선생님이 양배추와 양파를 좀 더 넣으면 한결 나아질 거라고 했어요. 채소가 듬뿍 들어간 떡볶이는 보글보글 맛있게 끓었어요.

"다 된 것 같은데 맛을 볼까?"

수아는 그릇에 먹음직스럽게 떡볶이를 담았어요.

맛을 본 선생님이 엄지손가락을 추켜세우며 최고라고 했어요. 수아도 떡볶이가 입에서 살살 녹는 듯했어요.

"신선한 재료와 수아의 정성이 잘 버무려진 것 같구나. 요리는 즐거운 마음으로 해야 맛있게 만들어진단다."

선생님은 수아에게 멋진 요리사가 되어 만나자고 했어요.

체험을 마친 수아의 걸음이 빨라졌어요. 선생님이 미래에는 아주 특별한 요리를 맛볼 수 있다고 했기 때문이에요.

미래
곤충 요리 전문가 >>> 미래 식량을 책임지다

"난 곤충 요리 전문가야, 만나서 반갑다."

"곤충 요리요?"

수아가 얼굴을 찌푸리며 물었어요.

"놀라긴, 곤충에 단백질이 얼마나 많은데."

선생님 말에 수아는 단백질이 아무리 많아도 폴짝폴짝 뛰는 곤충은 먹을 수 없다며 볼멘소리를 했어요.

"폴짝폴짝 뛰는 닭은 잘 먹잖아."

수아는 닭은 곤충과 비교할 수 없을 만큼 맛있다고 했어요. 곤충처럼 더럽거나 징그럽지도 않다고 덧붙였어요.

"식용 곤충이 얼마나 깨끗한 환경에서 자라는지 모르는구나. 여기를 보렴. 냄새도 나지 않고 깨끗하지?"

수아는 선생님이 가리킨 곳을 둘러봤어요. 책꽂이처럼 되어 있는 철제 서랍에 투명한 플라스틱 상자가 칸칸이 들어 있었어요.

"상자에는 밀 껍질이 깔려 있어. 밀을 도정하면 나오는 껍질을 밀기울이라고 하는데 갈색 거저리가 제일 좋아하는 먹잇감이야. 갈색 거저리의 수분 섭취를 위해 싱싱한 무를 넣어 주기도 해."

무에는 꿈틀대는 갈색 애벌레 수십 마리가 다닥다닥 붙어 있었어요. 선생님이 갈색 거저리가 붙어 있는 무를 들어 수아에게 보여 줬어요.

"으악, 싫어요. 징그럽단 말이에요."

수아가 소리치며 달아나자 선생님이 웃으며 주방으로 가자고 했어요. 주방에는 앞치마를 두른 로봇이 수아를 맞았어요.

"요리 로봇 도로시란다."

선생님이 도로시에게 고소애 주스를 만들어 달라고 했어요.

"선생님은 왜 곤충 요리 전문가가 된 거예요? 파스타도 있고 빵도 있는데."

"수아는 곤충 요리 전문가란 직업이 마음에 들지 않는구나."

수아는 선생님에게 마음을 들킨 것 같아 얼굴을 붉혔어요.

"부족한 식량을 대체하기 위해 단백질이 풍부한 재료를 찾다가 식용 곤충을 연구하게 됐어. 농촌이 줄면서 도시 농업 활동가들에게 식량을 얻고 있지만 생산량이 많지 않단다. 특히 고기 섭취량이 늘면서 가축 사육이 늘어났어. 가축 사육을 위해 많은 목

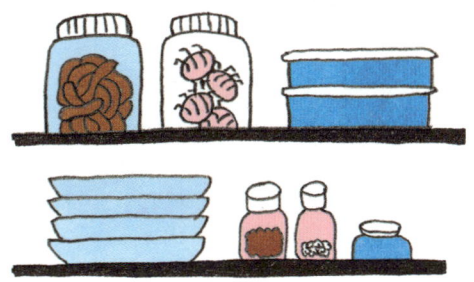

초지를 만들다 보니 산림이 파괴되고 사막화되었지. 산림 파괴는 곧 환경 파괴의 문제이기 때문에 많은 요리사들이 고기를 대체하는 단백질을 찾던 중 곤충을 연구하게 된 거야."

선생님이 미래에는 식물로 고기를 만드는 인공 육류 기술과 식용 곤충을 적극 활용한다고 설명했어요.

선생님의 설명이 끝날 즈음 도로시가 주스를 가져왔어요. 주스를 마신 수아에게 선생님이 물었어요.

"어때?"

"고소해요. 미숫가루 같기도 하고요. 미숫가루에 땅콩이 섞였나? 여기 있는 작은 알갱이들은 뭐예요?"

"갈색 거저리야."

수아는 갈색 거저리란 말을 듣자마자 속이 메슥거리며 토할 것 같았어요. 무에 다닥다닥 붙어 있던 갈색 거저리가 떠올랐기 때문이에요.

"어떻게 곤충을 주실 수 있어요?"

"갈색 거저리라는 것을 알기 전에는 고소하다고 했잖아. 곤충 요리를 하면서 제일 걱정한 것이 모양이었어. 단백질과 불포화 지방산, 비타민 등 뛰어난 영양 성분을 가지고 있지만 사람들이 먹기 꺼린다는 것이 문제였거든. 많은 실패를 겪은 뒤 알게 됐지. 건조시킨 곤충을 가루와 액체, 기름으로 만들어 쓰면 된다는 것을 말이야."

"주스에 알갱이를 넣은 이유는요?"

"식감을 살리기 위해서야. 곤충 요리 전문가들도 맛과 멋을 중요시하거든."

선생님은 과자를 만들어 보자고 했어요.

"도로시, 고소애 과자로 할까?"

도로시는 일반 과자 재료에 갈색 거저리 가루를 섞었어요. 고소애 과자를 궁금해하는 수아에게 도로시가 말했어요.

"갈색 거저리의 맛이 고소하다고 해서 고소애라고 해."

갓 구운 고소애 과자는 꿀맛이었어요. 선생님이 그것 보라며 과자를 포장해 주었어요.

명서는 봉지에 담긴 고소애 과자를 들고 달렸어요. 친구들에게도 따뜻한 고소애 과자를 맛보게 하고 싶어서요.

미래의 직업 탐구 | 곤충 요리 전문가

식용 곤충을 활용해 새로운 메뉴를 연구하고 개발하며 곤충 사업에 대해 홍보하고 교육해요. 미래 식량 자원으로 떠오르는 곤충의 영양학적 가치를 높이고 곤충 산업을 육성시키지요.

곤충 요리 전문가로 일하기 위해서는 곤충에 대한 해박한 지식과 요리에 대한 관심, 소질이 필요해요. 곤충을 꾸준히 연구해야 하므로 끈기도 있어야 해요. 곤충이 두렵지 않다면 도전해 보세요. 미래의 식량을 책임지는 멋진 곤충 요리사가 될 수 있을 거예요.

유사 직업

식품 융합 엔지니어
식량 부족 위기에 대비해 새로운 식재료를 개발하고 영양이 풍부하고 안전한 GM(Genetically Modified) 식품을 연구해요. GM 식품은 유전자 조작과 변형을 통해 만들어진 식재료를 말해요.

도시 농업 활동가
도시 사람들이 텃밭을 일구고 주말농장을 운영할 수 있도록 도와요. 도시에 적합한 농사 방법을 교육하기도 하고 도시 농부에게 필요한 자재를 개발하기도 해요.

푸드 스타일리스트
영화나 드라마, 광고 혹은 잡지나 책 등에 나올 음식과 재료를 더 맛있고 아름다워 보이도록 연출해요.

미래 식량

세계 인구가 증가하면서 식량도 계속 늘어나고 있지만 식량을 생산할 경지 면적은 줄어들고 있어요. 육류의 과도한 소비로 건강에 문제가 생기거나 가축 사육을 위해 토지, 물 등의 자원이 낭비되고 식량 생산을 늘리기 위해 유전자를 조작한 농산물에 불안감이 생기는 등 새로운 먹거리가 필요하게 되었죠.

미래 식량으로 곤충이나 배양육이 주목받고 있는데 가축 사육의 문제를 해결하면서 필요한 영양소를 섭취할 수 있는 친환경적인 식품이라 할 수 있어요. 하지만 곤충에 대한 혐오감을 없애고 배양육도 기존 육류와 비슷한 맛을 내야 하는 등 지속적인 노력이 필요해요.

4 호위 무사 >>> 경호원 >>> 유전자 상담사

⌛ 과거
호위 무사 >>> 목숨을 바치다

13개월 동안 군량미를 받지 못했던 구식 군대 군인들은 쌀을 준다는 말에 선혜청으로 쏜살같이 달려갔어요. 쌀을 받으며 관리들에게 고맙다고 허리를 굽혀 인사했어요. 그때 앞에서 쌀을 받은 군인이 침을 퉤 뱉고는 큰소리로 항의했어요.

"이걸 먹으라고 주는 게요? 당신이라면 먹을 수 있겠냐고!"

그러자 군인들 모두 쌀자루 속의 내용물을 확인했어요. 쌀자루 속에는 모래와 쌀겨가 더 많아 쌀을 찾기가 어려웠어요.

성난 군인들은 낫과 호미, 칼을 들고 선혜청을 부쉈어요. 그리고 신식 군대인 별기군을 만든 명성황후 때문이라며 명성황후를 찾아 나서기로 했지요.

구식 군대 군인들은 순식간에 반란군이 되어 궁궐로 쳐들어갔어요. 명성황후는 급히 궁녀의 옷으로 갈아입었어요. 반란군은 도망치는 궁녀 차림의 명성황후를 보았어요.

"누구냐?"

반란군이 소리치자 두려움에 떨며 입을 떼지 못하는 명성황후 앞에 홍 장군이 나타났어요. 그러고는 자신의 동생이 궁궐 안에서 길을 잃은 듯하다며 명성황후를 업고 달아났어요.

홍 장군의 도움으로 피신한 명성황후는 그 후 홍 장군을 자신의 호위 무사로 임명했지요.

1895년, 일본은 명성황후를 살해하기 위해 폭도들을 동원해 늦은 밤 궁궐로 잠입했어요. 수비대가 막아서긴 했으나 폭도들을 당할 수가 없었어요. 명성황후는 홍 장군의 도움을 받아 또 한 번 궁녀의 옷으로 갈아입고 도망치려 했어요.

"반드시 폭도들을 잡을 것이니 일단 피신하시지요."

홍 장군은 폭도들과 정면으로 마주했어요. 절대 길을 열어 줄 수 없다는 홍 장군과 당장 비키라는 폭도들 사이에 칼싸움이 오갔어요. 홍 장군은 목숨을 바쳐 명성황후를 지키려 했지만 폭도들이 내리치는 칼에 맞고 말았어요. 홍 장군은 피눈물을 흘리며 쓰러졌답니다.

과거의 직업 탐구

호위 무사는 내금위 소속 군사로 왕이나 왕족을 따라다니며 곁에서 보호하고 지키던 사람이에요. 내금위 군관들은 3년마다 실시하는 무과 시험에 합격해야 하는데 5품 이하 관리의 자제 중에서 무예가 탁월하고 키가 크며 용모가 아름다운 자들이 뽑혔다고 해요. 내금위는 조선 시대에 임금을 호위하던 군대로 궁궐 내 모든 경호 업무를 맡았어요.

현재
경호원 >>> 의뢰인을 지킨다

경호원 체험관을 찾은 선재는 눈앞에 펼쳐진 모습에 놀랐어요. 검은 양복에 짙은 선글라스를 낀 사람들이 양옆으로 줄지어 서 있었거든요.

"경호 체험을 하는 친구를 위해 준비한 이벤트인데 놀랐구나."

10여 년 동안 경호원으로 근무했다는 선생님은 경호원을 꿈꾸는 새싹들에게 생생한 이야기를 들려주고 싶다고 했어요.

그때였어요. 무방비 상태에 있던 선재에게 공이 날아오자 선생님이 팔로 막아 냈어요.

"경호원은 위험을 감지한 순간 움직여야 해. 위험 요소를 차단하기 어렵다면 몸으로 막아야 의뢰인을 보호할 수 있지."

"그러다가 다치기라도 하면요. 경호원은 다쳐도 되는 거예요?"

선재가 묻자 선생님은 경호원이란 다른 사람을 지키기 위해 자신의 생명을 내놓는 직업이라며, 몸싸움은 물론 어떠한 상황에서도 의뢰인을 지켜야 한다고 했어요.

첫 번째 체험은 호신술이었어요. 호신술은 위험한 순간 자신과 의뢰인을 지킬 수 있는 기술이라고 했어요. 태권도를 배우고 있는 선재에게 가벼운 호신술은 가뿐했어요.

이번에는 영상을 보며 선생님의 설명을 들었어요. 박람회나 전시회, 콘서트와 같은 행사장에서 질서를 유지하고 사람들의 출입을 통제하는 일도 한대요. 갑작스런 돌발 사고를 막아야 하고 테러나 도난에 대한 정보를 입수해 위험 요소를 제거하는 것도 경호원의 중요한 업무라고 했어요.

마지막 체험은 사격이었어요. 장난감 총일 거라는 예상과 달리 총은 꽤 묵직했어요. 선생님에게 총 잡는 방법과 자세를 익힌 후

가짜 총알을 장착했어요. 그러고는 과녁을 향해 총을 들었어요. 선재는 선생님의 사격 신호에 맞춰 방아쇠를 당겼어요.

"탕탕!"

고막을 찌를 듯 소리가 컸어요. 예전에 가족들과 함께 쏴 보았던 서바이벌 총과는 비교가 되지 않을 정도였어요. 10발 중 6발이 과녁에 근접했어요. 선생님이 박수를 보내며 칭찬했어요.

"선재는 경호원으로 타고난 사람 같은데. 장차 대통령을 지키는 멋진 경호원이 될 수 있을 것 같아."

선생님의 칭찬을 담뿍 받은 선재는 대통령 옆에 선 자신의 모습을 상상했어요.

⏳ 미래
유전자 상담사 >>> 질병을 책임지다

선재는 스마트 도시의 실버 케어 센터 앞에 섰어요.

"유전자 상담사 체험관 방문을 환영한다."

하얀 가운을 입은 여자 선생님이 선재를 반겼어요. 유전사 상담사 체험관에는 책장과 다양한 기기들이 정돈돼 있었어요.

"선생님, 유전자 상담사는 어떤 일을 해요?"

선재가 물었어요.

"선재는 엄마나 아빠를 닮았다는 말을 들어 본 적 있니?"

선재가 고개를 끄덕이자 선생님은 그게 바로 유전이라며 생물체를 이루는 모든 세포에는 염색체가 들어 있다고 했어요.

"염색체가 바로 유전의 비밀을 담고 있는 열쇠야."

염색체는 부모의 성격, 체질 등에 대한 정보를 담고 있대요. 부모의 염색체를 물려받은 아이들이 부모의 병을 물려받기도 하는데 그것이 유전병이래요.

"부모에게 유전병이 있다고 자녀에게도 무조건 나타나는 건 아니야. 나타나지 않을 때도 있고 세대를 걸러서 나타나기도 해."

선생님이 유전자 변형 식품이라며 콩처럼 생긴 쌀 사진을 보여 줬어요. 벼의 유전자에 콩의 유전자를 결합해서 콩처럼 커다란 쌀이 열린 거래요.

"생물의 유전자를 조작하거나 가공해서 실생활에 적용하는 것이 유전 공학이야. 인간에게 필요한 물질을 만들려는 목적으로 유전자를 조작하는 거지. 개인의 유전자를 분석해 미래에 걸릴 수 있는 질병을 예방할 수도 있단다."

"미래에는 못 하는 게 없나 봐요. 걸릴 병을 미리 예측하고 예방하는 시대가 온다니 믿기질 않아요."

선생님은 유전에 대한 놀라운 이야기가 더 있다고 했어요.

"학습 관련 유전자 검사를 통해 개인의 선천적인 재능과 적성도 알 수 있어."

재능을 알 수 있다는 말이 선재의 귀에 쏙 들어왔어요.

"그렇다면 제 미래의 질병과 재능도 알 수 있다는 거죠?"

선재는 유전자 상담사를 찾은 것이 행운처럼 느껴졌어요. 자신을 지키는 최고의 경호원이 유전자 상담사인 것 같았어요.

선재는 유전자 검사를 어떻게 하는지 물었어요.

"가장 간단한 방법이 구강 상피 세포 검사야. 면봉으로 입 안의 침을 채취해 검사하는 방법이란다."

선재는 가상 현실을 통해 유전자 검사 결과를 확인하러 온 어린아이와 엄마를 만났어요.

"아이가 자라서 시력이 나빠질 수 있다는구나. 아이 할아버지의 안과 질환 유전자가 아이의 유전자에서 나왔기 때문이야."

선재가 보기에도 아이 엄마의 표정이 굉장히 슬퍼 보였어요.

유전자 상담사는 검사 결과에 두려할 필요가 없다며 아이 엄마의 손을 꼭 잡았어요. 그러고는 유전적 특성에 따라 예방하는 맞춤 의료 시대인 만큼 발병을 막을 수 있다고 했어요.

"유전자 검사를 통해 사람들이 유전 질환에 대비할 수 있지만 발병률이 높게 나오면 심리적으로 불안할 수 있어. 때문에 유전자 상담사들은 유전 질환에 대해 충분히 설명해야 해. 무엇보다 중요한 것은 유전 질환을 진단받은 환자와 가족이 질환을 예방하며 일상생활을 잘할 수 있도록 돕는 거야."

선생님이 말했어요.

선재는 선생님을 따라 검사실로 들어갔어요. 선생님은 선재에게 손끝으로 볼을 비빈 다음 유전자 분석 키트에 침을 뱉으라고 했어요.

"볼을 비벼야 하는 이유라도 있는 거예요?"

선재가 물었어요.

"볼을 비벼 입 안의 세포가 떨어지게 하는 거야."

선재의 침이 들어간 유전자 분석 키트는 유전자 분석실로 보내져 검사에 들어간대요. 선생님이 자신의 검사 결과지를 보여 주며 말했어요.

"이건 선재에게 보여 주려고 가져온 내 결과지야. 여기에 보면 탈모 유전자가 보이지? 비만 위험도 높다고 하고."

선생님은 이 결과지를 보고 충격을 받았다고 했어요. 그러나 충격에 빠져 지내기보다는 미리미리 관리해 건강하게 살아야겠다고 마음먹었대요.

유전자 상담사는 환자의 정서적 불안감을 다독이고 꾸준한 예방까지 관리해야 하는 만큼 많은 공부가 필요하다고 했어요.

선재는 유전자 상담사 체험관을 나오며 결심했어요. 엄마 아빠와 동생의 미래 건강까지 책임지는 유전자 상담사가 되기로요.

미래의 직업 탐구 — 유전자 상담사

유전자 검사를 통해 얻은 개인의 유전 정보로 질병을 예측해 상담하고 예방해요. 학습과 관련해 진로 상담도 하지요.

유전자 상담사가 되기 위해서는 생물학과 유전 상담학을 공부해야 해요. 환자가 어떤 상태인지 파악하는 통찰력과 원활한 의사소통 능력, 환자의 마음을 헤아리는 이해심, 어려운 상황에서도 침착함을 유지하는 평정심을 갖춰야 해요.

유전자 상담사 자격을 취득하기 위해서는 대한의학유전학회에서 인정하는 대학원 교육 과정을 수료해야 해요. 인간 생명의 비밀이 담긴 유전자를 다루는 만큼 도덕성도 요구된다는 사실을 잊지 마세요!

유사 직업

기억 대리인

개인의 출생부터 사망까지 모든 정보를 보관하는 사람이에요. 의뢰인이 필요로 하는 기억을 생생하게 알려 주는 일을 해요. 기억을 잘하지 못하거나 자주 잊어버리는 사람을 위해 필요한 직업이죠.

유전 공학 연구원

유전자를 인위적으로 재조합해 실험해요. 사람에게 유익한 의약 물질과 기능성 물질, 공업 원료 등을 값싸게 생산하거나 이에 필요한 새로운 형질의 생물을 만들어 내기 위해 연구해요.

유전자 감식 연구원

주로 범죄자 식별, 미아 찾기, 가족 확인 등을 위해 모발, 피부 조직, 체액 등에서 유전자를 채취해 유전 물질인 DNA를 분리하고 판독해요.

유전 공학

유전 공학은 인간이 생활하는 데 이로운 산물을 얻거나 병을 치료하기 위해 유전자를 조작하고 변형시키는 학문이에요. 인체의 췌장 세포 유전자를 이용해 당뇨병 환자가 사용하는 인슐린을 대량으로 생산하게 된 것도 유전 공학 덕분이죠.

하지만 동물 복제 등과 같이 생물을 인위적으로 조작한다는 도덕적, 윤리적 문제를 가지고 있어요.

우리 생활을 아름답게

스마트 도시

Future City 2040
꿈을 잡아라 체험센터

1. 침모 >>> 패션 디자이너 >>> 스마트 의류 디자이너
2. 도편수 >>> 건축가 >>> 녹색 건축 전문가
3. 화원 >>> 화가 >>> 홀로그래피 전문가
4. 사관 >>> 기자 >>> 디지털 고고학자

1 침모 >>> 패션 디자이너 >>> 스마트 의류 디자이너

⌛ **과거**

침모 >>> 내 친구는 바늘과 실

"까마귀가 친구 하자고 쫓아오겠어. 깨끗이 좀 입어. 빨래 자주 하면 옷이 금방 망가지잖아."

영재가 나무라자 동생이 대답했어요.

"그럼 오래 입을 수 있게 만들면 되잖아."

영재는 동생의 옷고름을 매며 생각했어요.

'오래 입을 수 있는 옷이라…….'

영재는 일상적으로 편하고 놀 때도 거추장스럽지 않은 옷을 머릿속에 그리며 저고리의 소매통은 살짝 좁히고, 소매 끝은 검지 길이만큼 잘라 냈어요. 뜯어 낸 고름은 짧게 잘라 한쪽 면을 동그랗게 말아 꿰맸어요. 단추로 사용하기 위해서였어요.

영재는 설레었어요. 지금까지는 엄마를 도와 간단한 바느질 정도만 했을 뿐 실제로 옷을 만드는 것은 처음이었어요.

영재는 가위로 옷감을 잘라 바느질을 시작했어요. 엄마는 꼼짝 달싹 않고 바느질만 하는 영재에게 넌지시 바느질이 좋으냐고 물었어요.

"바늘과 실은 마음을 설레게 하는 친구야. 나는 이 친구들과 함께 최고의 침모가 될 거야."

영재는 며칠 동안 옷을 만들어 완성했어요. 영재는 동생에게 새 옷을 입혔지요. 소매가 짧아서 이상하지만 고름이 없어 편하다며 동생은 후다닥 나가 버렸어요.

그 후 동생의 옷을 본 동네 사람들이 영재네 집을 찾아왔어요. 동생이 입은 옷과 똑같이 만들어 달라고 주문하기 위해서였지요. 사람들은 동생의 옷이 낯설지만 편해서 좋다고 칭찬했답니다.

과거의 **직업 탐구**

침모는 남의 집에 고용되어 옷을 짓거나 수선했던 여인을 말해요. 조선 시대 여인들은 누구나 바느질을 익혔지만 바느질을 직업으로 하는 침모와 침선가가 있었어요.
양반집의 침모는 솜씨가 뛰어나야 했기 때문에 서민 여인의 실력으로는 감당하기 어려웠다고 해요. 그런 까닭에 침모는 몰락한 양반집의 규수나 과부 혹은 중인 계급의 여인들이었어요. 관복이나 제복같이 까다로운 옷부터 혼례복, 아이들의 복건이나 굴레 같은 것들을 만들었어요. 침모와 구별되게 침선가는 자신의 집에서 삯바느질을 하는 여인이에요. 침모와 침선가 외에도 침선장이 있어요. 침선장은 궁궐에서 왕과 왕실 가족의 옷을 만들었어요.

⌛ 현재
패션 디자이너 >>> 아름다움을 창조하다

패션 디자이너 체험관 앞에서 요란한 옷차림의 여성이 민주를 반겼어요.

"오늘의 주인공이구나. 반갑다, 공 디자이너라고 들어 봤니? 우리나라 패션계에서 날 모르는 사람은 없을 거야, 호호호."

혼자 묻고, 답하고, 웃기까지. 게다가 춥지도 않은 날씨에 무릎까지 올라오는 부츠를 신고 숄을 두르고 귀에는 젓가락같이 긴 귀걸이를 하고 있었어요.

"패션 디자이너가 뭐라 생각하니?"

"옷을 만드는 사람이요."

민주의 대답에 공 디자이너가 고개를 끄덕이며 말했어요.

"패션 디자이너는 옷을 만들어 새로운 패션을 창조하는 사람들이야."

그리고 색감에 대해 아는 것이 중요하다며 말을 이었어요.

"색을 제대로 알면 옷에 어울리는 색채를 원하는 느낌대로 조합할 수 있거든."

이번에는 드로잉 능력을 테스트한다고 했어요. 디자인은 드로잉에서 출발한다며 자신을 모델 삼아 그려 보라고요.

"잘 그려야 한다는 생각은 버리고 모델의 특징을 살린다는 생각으로 자연스럽게 그리렴. 드로잉 테스트는 그림 실력을 보는 것이 아니야. 패션 디자이너로서의 개성과 감성, 잠재력을 보는 거지."

민주는 공 디자이너를 그리기 시작했어요.

"띠링띠링!"

종료를 알리는 소리가 들렸어요. 민주는 그림이 생각만큼 잘 그려지지 않았다며 투덜댔어요.

"그림에 네모가 많은 이유는 선생님의 얼굴이 네모나기 때문이에요. 네모난 안경에 네모난 얼굴, 거기에 일자 단발머리까지. 엉덩이가 좀 크신 것 같아 엉덩이도 네모로 그렸어요."

민주의 말에 공 디자이너가 웃음을 터뜨렸어요.

"섬세한 표현이 아주 좋은데. 자신의 생각을 거침없이 표현한 것도 좋았어. 남이 어떻게 볼까를 걱정하기보다는 표현하고 싶은 것을 정확하게 표현하는 것이 패션 디자이너가 할 일이거든. 내가 보기에 민주는 패션 디자이너가 딱 맞는 것 같아."

공 디자이너의 칭찬에 민주는 여느 때보다 열심히 패션 디자이너 체험을 했어요. 마치 패션 디자이너가 된 것처럼 말이에요.

⌛ 미래
스마트 의류 디자이너 >>> 똑똑한 옷을 만들다

패션 디자이너 체험을 마친 민주는 화살표를 따라 스마트 도시로 들어와 선생님을 만났어요.

"웨어러블 기기에 대해 들어 봤니?"

선생님이 물었어요. 민주는 들어 보긴 했지만 웨어러블에 대해 잘 알지 못했어요.

"아니요."

"안경이나 시계, 신발처럼 몸에 착용해서 사용하는 전자기기를 웨어러블이라고 해. 건강한 생활에 관심이 많아지면서 맥박과 혈압을 체크하는 시계, 당뇨 환자의 발을 보호하는 양말이나 염증 상태를 감지하는 신발 밑창과 같은 제품이 등장했지."

군사적 목적으로 쓰이던 웨어러블 기기들이 스마트폰의 등장과 기술의 발전으로 일상생활 속에 들어왔대요.

선생님이 민주에게 조끼를 건네며 말했어요.

"이건 스마트 의류인 스마트 조끼라고 해. 플라스틱 광섬유가 일정한 간격으로 배열되어 있어 사람의 심장 박동이나 체온, 혈압과 호흡 등을 감지하지."

선생님이 민주의 표정을 살피며 말을 이었어요.

"스마트 의류는 웨어러블에서 한 단계 더 진화한 것으로 입는 컴퓨터라고도 해."

스마트 의류는 고기능성 섬유에 디지털 센서와 초소형 컴퓨터 칩 등이 들어 있어 옷 자체가 외부 자극을 감지해 반응한다고 했어요. 언제 어디서나 자유롭게 네트워크에 접속하여 자료를 주고받을 수 있는 환경인 유비쿼터스를 적극 활용한 의류라는 설명도 덧붙였어요.

민주가 조끼를 입고 말했어요.

"이렇게 얇은 조끼에 센서와 컴퓨터 칩이 들어 있다는 게 놀라워요."

선생님이 민주가 입은 조끼의 첫 번째 단추를 누르자 "듣고 싶은 노래를 알려 주세요."라는 소리가 들렸어요. 민주는 놀라긴 했지만 호기심에 좋아하는 가수의 이름을 말했어요. 그러자 조끼에서 노래가 흘러나왔어요.

"우아, 대단한데요."

선생님이 봐야 할 영상이 있다고 했어요.

산을 오르던 등산객이 발을 헛디디면서 굴러떨어졌어요. 주위에 아무도 없었고 등산객은 고통이 심한 듯 얼굴을 잔뜩 찡그렸어요. '저러다 큰일 나겠다.'라고 생각할 때 등산객이 힘겹게 중얼거렸어요. "버틸 만합니다."라고요.

얼마 후 헬기를 타고 구조대가 나타났어요.

"신고도 하지 않았는데 어떻게 구조대가 왔을까?"

화면을 정지시키며 선생님이 물었어요. 민주가 대답을 하지 못하자 선생님이 등산복을 가리키며 말했어요.

"스마트 의류가 119로 등산객의 상황과 위치를 알렸기 때문이란다."

민주는 스마트 의류의 똑똑함에 반했어요.

"스마트 의류를 만드는 데 가장 중요한 부분이 스마트 섬유야. 어떤 섬유를 사용했는지에 따라 기능이 달라지거든."

스마트 섬유는 전기 신호를 받아들이고 작동시키기 위해 다양한 물질로 결합된 실을 사용한대요. 구리나 은, 탄소 등 원소로 실을 만들기도 하고요.

"옷에 전기 신호가 흘러도 몸은 괜찮나요?"

민주의 말에 선생님이 미소 지으며 걱정하지 말라고 말했어요. 스마트 섬유로 옷을 만들 때는 우선 사람에게 안전한지, 입었을 때 편안한지를 고려한다고 했어요.

"스마트 의류는 인간의 능력을 보완하거나 힘을 끌어올릴 수도 있어."

선생님이 민주에게 운동복을 주며 입어 보라고 했어요. 민주가 운동복을 입자 선생님이 민주 발목에 모래주머니를 달았어요.

"왼쪽은 10킬로그램, 오른쪽은 20킬로그램이야. 한 발씩 들어 볼래?"

머뭇거리던 민주가 조심스레 왼발과 오른발을 들었어요. 아주 가볍게 발을 올릴 수 있었어요.

"이렇게 가볍게 들리다니 대단해요! 착용감도 깃털처럼 편하고 멋스럽기까지 해요. 그런데 선생님, 스마트 의류는 만드는 과정이 복잡하죠?"

"일반 옷과 조금 다르긴 해. 스마트 의류를 만들 때는 만들려고 하는 옷에 어떤 기능이 필요한지 먼저 정해야 해. 그리고 그 기능에 어울리는 디자인을 하지. 디자인이 결정되면 섬유 소재를 선택해. 그다음은 기능에 맞는 센서나 칩을 사용해 기술을 적용하는 거야."

민주는 자신이 직업을 갖게 될 쯤엔 스마트 의류 전문가들의 시대일지도 모르겠다는 생각이 들었어요. 그래서 오늘부터 스마트 의류 디자이너가 되기 위한 능력을 쌓기로 마음먹었어요.

미래의 직업 탐구 — 스마트 의류 디자이너

스마트 의류는 정보 통신 기술과 결합한 똑똑한 옷을 말해요. 고기능성 소재의 섬유에 디지털 센서와 초소형 컴퓨터 칩을 장착해 만든 미래형 옷이지요. 스마트 의류 디자이너는 스마트 의류를 안전하고 편리하면서도 튼튼하고 멋있게 입을 수 있도록 만드는 사람이에요.

스마트 의류 디자이너가 되려면 재료 공학과 화학, 정보 통신 기술 등 다양한 공부가 필요해요. 한국 패션 산업 연구원이나 한국 섬유 소재 연구원과 같은 연구 기관, 의류 정보 통신 기술 관련 학과에서 공부하면 좋아요. 창의성과 미적 감각이 뛰어나고 옷이나 패션에 관심이 많은 사람에게 적합해요.

유사 직업

나노 섬유 의류 전문가
나노 기술을 섬유에 도입해서 의류로 만드는 사람이에요. 나노 소재를 활용한 특수 기능성 의복과 신발 등을 디자인하고 개발·연구해요.

웨어러블 공학자
사람이 착용하거나 입을 수 있는 형태의 웨어러블 기기를 개발하는 사람이에요. 스마트 시계, 스마트 신발, 스마트 안경, 전자 피부 등 웨어러블의 범위는 굉장히 넓답니다.

에코 제품 디자이너
버려진 제품에 생명을 불어넣어 새로운 상품으로 재활용하는 사람이에요. 제품이 만들어지고 폐기될 때까지의 모든 과정이 친환경적이기 때문에 제품 기획이나 디자인도 환경을 고려해야 해요.

웨어러블

웨어러블(Wearable)은 '착용할 수 있는'이라는 뜻으로 보통 의복, 안경, 시계 등과 같이 착용 가능한 형태의 장치를 말해요. 건강 관리를 위한 손목 밴드나 스마트 워치와 같은 액세서리형, 의료 검사나 관리를 위한 패치 형태의 신체 부착형, 스마트 콘택트렌즈와 같은 생체 이식형으로 구분할 수 있어요.
신체에 착용하기 때문에 신체의 일부처럼 편안해야 하며 언제든 쉽게 사용할 수 있고 안전해야 해요.
웨어러블 기기는 인간의 능력을 보완하거나 끌어올리고 인간의 삶을 편리하게 하는 것이 목표예요.

2 도편수 >>> 건축가 >>> 녹색 건축 전문가

과거
도편수 >>> 대웅전을 짓다

　도편수의 책임 아래 강화도 전등사의 대웅전을 짓는 공사가 시작됐어요. 틀어진 목재를 발견한 도편수는 고민에 빠졌어요. 웅장한 대웅전을 만들기 위해서는 매끈한 나무가 필요했거든요. 잠시 생각에 잠긴 도편수는 목수에게 들기름을 가져오라고 했어요.

　도편수는 틀어진 목재를 그늘로 옮겼어요. 그러고는 들기름을 틀어진 부위에 부었어요. 몇 날 며칠 틀어진 부위에 들기름을 붓고 말리자 신기하게도 틀어졌던 부분이 쭉 뻗었어요. 목수들은 도편수가 도술을 부렸다며 신기해했지요.

　그때였어요. 목수편수가 도편수를 부르며 급히 달려왔어요.

　"나리! 큰일 났습니다요. 꽃님이가 도망갔대요. 주막에 있는 돈까지 다 들고 가 버렸답니다."

도편수는 심장이 '쿵!' 하고 내려앉는 듯했어요. 대웅전 공사가 끝나는 대로 꽃님이랑 혼인하기로 약속했기 때문이었어요. 도편수는 꽃님이를 찾아 여러 날을 헤맸어요. 그러나 꽃님이를 봤다는 사람조차 만날 수 없었어요. 넋을 놓고 지내던 도편수는 공사장 한쪽에 앉아 통나무를 끌로 찍고 자귀로 다듬으며 나녀상을 만들었어요. 쪼그리고 앉아 두 손을 들고 있는 벌거벗은 여인상이었지요.

도편수는 나녀상을 대웅전 처마에 올려놓았어요. 마치 나녀상이 지붕을 받치고 있는 것처럼 보이도록 말이에요. 그러고는 마음속으로 빌었어요. '부처님의 집을 짓는 신성한 일을 하면서 여인과 사랑에 빠진 자신의 잘못을 반성한다.'고 말이죠.

그러면서 읊조렸어요.

"나와의 약속을 버리고 떠난 여인을 벌주는 마음도 큽니다."

이후 도편수는 대웅전 공사에만 더욱 정성을 쏟았다고 해요.

과거의 직업 탐구

조선 후기, 건축물을 지을 때는 석재를 가공하는 석수와 목재를 가공하는 목수가 있었어요. 석수를 관리하는 사람은 석수편수, 목수를 관리하는 사람은 목수편수라고 했어요. 이 모두를 관리하는 가장 높은 사람을 도편수라 했지요. 도편수는 나무를 선정하는 일부터 건축에 관한 모든 지식을 갖춘 최고의 장인이었어요. 하지만 공사가 있을 때마다 강제로 동원되었던 고된 직업이기도 했어요.

현재
건축가 >>> 상상을 현실로 만들다

"어느 곳을 갈까요? 알아맞혀 보세요! 딩동댕, 월 화 수 목 금 토 일!"

유민이는 건축가와 외교관, 첩보원 사이에서 고민하다 노래점을 보았어요. 월화수목금토일의 일에 걸린 것은 건축가였어요. 유민이는 건축가 체험관의 문을 두드렸어요.

'뭐지? 아무도 없나?'

혹시나 하는 마음에 좀 더 세게 문을 두드렸어요. 그러자 "지잉!" 소리를 내며 문이 네 조각으로 열렸어요. 유민이는 건축가 체험관은 문도 특별하다는 생각을 하며 안으로 들어갔어요.

"탁월한 선택이군. 이곳은 건축가로서의 잠재력과 가능성을 테스트하는 곳이야. 끈기를 가지고 힘내 보자고."

스피커에서 나오는 목소리를 들으며 주위를 둘러봤어요. 바닥에는 벽돌과 퍼즐 조각들이 뒹굴고 책상 위에는 스케치북, 노트북, 연필과 색연필, 지우개들이 널려 있었지요.

"조각들을 벽면의 퍼즐 판에 맞추는 거야. 10분 줄게. 시작!"

유민이가 대꾸할 틈도 없이 째깍째깍 시곗바늘이 움직이는 소리가 들렸어요. 유민이는 조각들을 맞추며 퍼즐 판을 채웠어요. 완성된 그림조차 보여 주지 않은 채 무작정 맞추라는 것은 반칙이라고 투덜대면서 말이에요. 어느 정도 맞춰진 퍼즐 판을 보니 낯익은 건물이었어요.

"어디지? 맞다, 불국사!"

유민이는 작년 가을에 가족과 함께 다녀왔던 불국사를 떠올렸어요.

"작은 조각들이 모여 멋진 건축물이 탄생되는 거야. 퍼즐은 공간 지각력을 키우는 데 아주 좋지. 건축가의 길을 걷다 보면 어려운 상황에 많이 부딪히게 되는데 그때마다 포기하지 않고 퍼즐처럼 한 조각씩 풀어 나가면 완성된 건물을 만날 수 있어."

우리 생활을 아름답게

동그란 안경에 구레나룻이 인상적인 선생님이 모습을 드러냈어요. 선생님은 책을 많이 읽은 사람이 표현력이 좋듯 건축가는 많은 건축물을 봐야 한다고 했어요.

"사람은 자연과 더불어 살아야 하는 만큼 자연과 어우러진 건축물을 만드는 것도 중요해."

"건축가들이 집을 짓는 거예요?"

선생님은 건축가는 건축물의 설계와 공사 감독을 하는 사람이라고 했어요. 의뢰인의 요청에 맞는 공간 설계와 대지 분석 그리고 법적인 검토까지 이루어져야 시공할 수 있대요. 선생님이 간단한 설계도면을 보여 주며 건축 모형을 만들어 보자고 했어요.

'도면만 보고 모형을 만들 수 있을까?'

그러나 유민이의 걱정과 달리 모형 만드는 일은 재미있고 흥미로웠어요. 섬세한 손놀림이 필요했지만 완성된 모형은 꽤 근사했어요. 선생님은 집을 설계할 때 편리한 동선, 효율적인 공간, 아름다운 구조 등 여러 가지를 고려해야 한다고 했어요.

체험관을 나서는 유민이의 손에 건축 모형이 들려 있었어요. 유민이는 건축가라는 직업에 대해 진지하게 생각하고픈 마음이 들었어요.

미래
녹색 건축 전문가 >>> 친환경 도시를 완성하다

　스마트 도시에 도착한 유민이는 어디로 가야 할지 난감했어요. 그때 한쪽 벽이 열리며 사진 찍는 소리와 함께 황폐해진 환경에 고통받는 사람들, 병들고 지친 동물들의 사진이 보였어요.

　"사람들은 도시를 발전시키고 개발하는 데만 집중했어요. 때문에 사진에서 본 것처럼 환경 오염으로 인한 생태계의 파괴가 심각했지요. 건축가들은 살아 있는 도시를 만들기로 했어요. 자연과 조화로운 건축물을 만들어 환경 오염을 줄이고 무너진 생태 환경을 복원시키려 노력했지요. 그 결과 녹색 건축 전문가라는 새로운 직업이 생겨났어요. 에너지 절약과 환경 보전을 목표로 환경 친화적 재료를 사용하여 친환경 건물을 만들게 되었답니다. 지금 보는 건물들처럼 말이에요."

　설명에 이어 새와 나비, 곤충들이 살아 숨 쉬는 자연 속에 멋진 건물들이 들어선 사진이 나타났어요.

　"그린 하우스를 찾아 줘서 고맙다, 친구. 난 녹색 건축 전문가

허영심이야."

문이 열리며 선생님이 악수를 청하듯 손을 내밀었어요.

선생님이 그린 하우스를 소개해 주겠다고 했어요. 유민이는 선생님을 따라 지하로 향했어요.

"그린 하우스는 신재생 에너지를 사용한 건축물이야."

유민이가 신재생 에너지에 대해 묻자 선생님이 말했어요. 신재생 에너지는 신에너지와 재생 에너지를 합쳐 부르는 말이라고요.

신에너지는 화학 연료를 변환시키거나 수소와 산소 등의 화학 반응을 통하여 전기나 열을 생산하는 에너지이고 재생 에너지는 태양과 바람, 지열이나 강수, 생물 유기체 등 자연 속에서 얻은 소모되지 않는 에너지를 말한대요.

선생님의 설명이 끝날 무렵 지하에 도착했어요.

"이곳은 지열 히트 펌프가 있는 곳이야. 땅속 에너지를 전기로 변환시켜 냉방과 난방을 할 수 있는 기계가 히트 펌프란다."

"아하, 땅속의 열을 이용하면 난방비도 줄이고 환경 오염도 줄이는 일석이조의 효과를 볼 수 있다는 거죠?"

선생님은 유민이의 대답이 만족스러웠어요.

"그렇지, 그린 하우스의 전기는 태양광으로부터 얻는단다. 이번에는 건물 밖으로 나가 볼까?"

밖으로 나온 선생님이 건물을 지탱하고 있는 벽돌을 만지며 말했어요.

"이건 에코 벽돌이라는 건데 식물의 광합성을 응용하여 만든 친환경 제품이란다."

식물이 이산화탄소를 흡수하고 산소를 배출하는 과정을 응용해서 만든 에코 벽돌은 인공 광합성 과정에서 열에너지와 산소를 발생시킨대요. 일명 광합성 벽돌이라고도 하는데 열에너지를 저장해 집을 따뜻하게 하고 산소로 실내 공기를 맑게 해 준대요.

"친환경적으로 에너지를 만드니 정말 좋네요."

선생님이 고개를 끄덕이며 설명을 이었어요. 에코 벽돌은 광합성이 활발한 맑은 날은 산소를 저장하고 비 오는 날은 습기를 저장해 사계절 내내 쾌적한 실내 환경을 유지해 준다고요.

유민이는 녹색 건축 전문가들은 새로운 건축 소재와 기술까지 알아야 하냐고 물었어요.

"당연하지. 건물이 들어설 지역의 일조량과 풍향 및 기류를 확인한 후 건축 계획을 수립해. 이때 친환경 건축 소재와 기술 그리고 에너지 저감 요소를 반영해 설계하거든."

"설계가 끝나면 바로 공사하는 거예요?"

유민이가 묻자 선생님이 고개를 저었어요.

"녹색 건축 인증 기관의 인증을 받아야 공사할 수 있어."

"녹색 건축 전문가는 친환경 건물을 짓기 위해 알아야 할 것도 많고 공부해야 할 것도 많겠어요."

유민이는 친환경 건축물이 좋긴 하지만 녹색 건축 전문가가 되려면 공부를 많이 해야 한다는 생각에 기운이 쭉 빠지는 듯했어요. 그러나 앞으로 지구를 보호하며 살기 위해서는 친환경 자재와 신재생 에너지를 활용한 건축물이 많아지면 좋겠다는 생각이 마음 깊이 자리 잡았어요.

미래의 직업 탐구: 녹색 건축 전문가

친환경 자재를 사용해 에너지 효율을 높여 녹색 건축 인증 기준에 적합한 건축물을 설계하는 사람이에요. 쾌적한 거주 환경을 고려하며 자연 친화적 건축물을 만들지요.

녹색 건축 전문가가 되려면 환경 보호와 친환경 에너지에 대해 관심이 많아야 해요. 건축 관련 전공을 공부하거나 건축 관련 업계에서 실무 경력을 쌓아 건축에 대한 전 과정을 파악해야 하고요. 하지만 무엇보다 창의적인 사고를 하는 것이 중요하답니다.

유사 직업

빌딩 정보 모델링 전문가

컴퓨터 프로그램으로 3차원 입체 건축을 구현하는 3D 건축 디렉터예요. 빌딩을 3차원으로 데이터화해 시공 과정에서 일어날 수 있는 문제나 이상 여부를 점검해요.

도시 재생 전문가

활력을 잃은 도시에 숨을 불어넣어 주는 도시 재생 전문가는 도시의 정체성을 보존하면서 도시를 경제, 사회, 환경적으로 활성화시키기 위해 기획하는 사람이에요.

매매 주택 연출가
팔려는 집의 가구를 재배치하거나 여러 가지 방법으로 꾸미는 일을 해요. 집의 가치를 한층 높여 매매를 원활하게 해요.

신재생 에너지

신재생 에너지는 신에너지와 재생 에너지를 합친 말이에요. 신에너지란 기존에 쓰이던 석유, 석탄, 원자력이 아닌 수소, 산소 등의 화학 반응을 통해 얻는 새로운 에너지로 수소 에너지, 연료 전지, 석탄을 액화·가스화한 에너지가 있어요.

재생 에너지는 자연 상태에서 만들어지는 재생 가능한 에너지로 태양, 풍력, 수력, 미생물, 지열, 조력, 파도 등을 활용한 에너지가 있어요. 석유, 석탄, 천연가스와 같은 화석 에너지의 고갈과 환경 문제로 점차 신재생 에너지가 중요해지면서 연구가 활발해지고 있어요.

3 화원 >>> 화가 >>> 홀로그래피 전문가

⏳ **과거**

화원 >>> 그림을 사랑하다

　개울물로 뛰어든 아이들이 언덕 위에서 그림을 그리고 있는 홍도를 불렀어요.

　"난 너희들이 노는 모습을 그리는 게 더 좋아."

　홍도는 그림 그리는 게 그 어떤 놀이보다 재밌고 즐거웠어요. 날이 어둑어둑해지자 친구들은 집으로 갔지만 홍도는 꿈쩍도 하지 않았어요. 저무는 해를 종이에 담고 있었기 때문이에요.

　"지금까지 그림을 그린 게냐! 그렇게 그림에만 빠져 있으면 양반이 될 수 없다는 말을 그새 잊은 것이야!"

　아버지는 홍도가 그림 때문에 글공부를 게을리하는 것이 걱정되어 회초리가 부러질 만큼 호되게 종아리를 때렸어요. 이후 홍도는 어머니와 아버지를 생각하며 글공부에 전념했어요. 그러나 마음 한편에 숨겨 놓은 그림에 대한 미련이 꿈틀거렸어요. 여러 달이 지났지만 그림에 대한 열망은 눈덩이처럼 커질 뿐이었어요.

어느 날 홍도는 아버지 앞에 무릎을 꿇고 간절한 마음을 담아 말했어요. 아버지는 홍도의 결심을 꺾을 수 없다는 것을 알고는 그림 그리는 것을 허락했어요.

홍도는 그림의 대가로 알려진 강세황을 찾아 떠났어요. 몇 개의 산을 넘어 강세황을 만난 홍도는 틈틈이 그려 두었던 그림을 보여 줬어요. 투박하지만 생명력이 느껴지는 그림에 강세황은 홍도가 큰 재목이 될 거라 내다보고 그림을 가르쳤어요.

"자네, 도화서에서 그림을 그려 보지 않으려나?"

도화서는 조선 시대 그림 그리는 일을 담당하던 관청으로 나라에서 필요로 하는 그림을 그리는 곳이었어요. 그림에 뛰어난 재능을 가진 사람들이 모여 있는 곳이기도 했지요. 김홍도는 가슴이 쿵쾅거렸어요. 화원이 되겠다는 꿈이 현실로 이루어졌기 때문이에요.

과거의 직업 탐구

도화서에서 일하는 화가를 화원이라고 해요. 화원을 선발할 때는 식물화, 풍경화, 인물화, 동물화 중에 두 가지를 선택해 그리게 했어요. 선발된 화원은 도화서에서 나라의 각종 행사에 필요한 그림과 왕의 초상인 어진, 외교 문서나 공식 문서의 그림을 그렸어요. 왕족 및 사대부들의 초상화를 그리기도 했지요. 도화서에서 화원이 오를 수 있는 가장 높은 지위는 정6품 별제였어요. 하지만 대부분의 화원은 신분이 낮아 별제까지 오르기가 쉽지 않았어요. 화원의 신분은 중인이었어요.

현재
화가 >>> 그림으로 대화하다

은빈이 꿈은 세계 곳곳에서 초청받는 유명한 화가가 되는 거예요. 하지만 얼마 전 스마일 화가라고 불리는 이목을 화가에 대한 기사를 보고는 유명한 화가가 아닌 웃음을 전달하는 화가가 되기로 했어요. 시력을 잃은 화가가 스마일 그림을 통해 사람들에게 꿈과 희망을 전달하는 모습이 은빈이의 가슴에 콕 박혔기 때문이에요.

화가 체험관을 찾은 은빈이는 한쪽 벽면을 가득 메운 거울에 놀랐어요. 거울 속에는 어색하게 자신을 바라보는 은빈이 모습이 비쳤어요.

"자신의 얼굴을 본 소감이 어때?"

거울이 양쪽으로 열리며 화가 체험을 함께할 선생님이 나타났어요. 선생님은 자신을 들여다볼 줄 아는 사람이 좋은 그림을 그릴 수 있다고 했어요.

"은빈이가 처음으로 할 일은 그림 감상이야. 좋은 그림을 그리려면 많은 그림을 봐야 하거든."

은빈이는 선생님을 따라 전시실로 들어갔어요. 그림을 둘러보던 은빈이는 고흐의 해바라기와 노란 집을 보고는 가장 좋아하는 그림이라며 멈춰 섰어요.

"고흐에게 최고의 모델은 그림이었다고 해. 모델료도 비쌌지만 그의 까다로움을 만족시킬 만한 모델을 찾기 어려웠대. 그래서 다른 사람의 그림을 따라 그렸다는구나. 고흐는 화가들의 그림을 보며 표현 기법을 공부하고 영감을 얻기도 했단다."

체험실로 돌아온 선생님이 그림을 그려 보자고 했어요.

"그림을 그리기 전 할 일은 주제를 정하는 거야. 어떤 그림을 그릴 건지 정한 다음 밑그림을 그리고 다양한 표현 기법을 활용해 그림을 완성하는 거야."

선생님이 표현 기법을 실습해 보자며 물감과 캔버스를 준비했어요.

"지금 하려는 표현 기법은 드리핑이라는 거야. 붓을 사용하지 않고 물감을 뿌리는 기법이지."

선생님이 손가락에 빨강 물감을 묻히고 캔버스 위에서 손가락을 튕겼어요. 하얀 캔버스 위에 크고 작은 빨강 물방울이 흩어졌어요. 이번에는 파랑 물감을 묻혀 손가락을 튕겼어요. 캔버스 위에 파랑 물방울이 뿌려졌어요. 빨강 물방울 위에 파랑 물방울이 겹치면서 새로운 물방울도 생겼어요.

선생님은 예쁘다고 외치는 은빈이에게 물방울들을 힘껏 불어 보라고 했어요. 은빈이가 입에 공기를 잔뜩 넣고 '후' 하고 크게 불었어요.

"와! 별이 됐어요. 이건 눈사람이고요. 이건 콧물처럼 보여요."

은빈이는 선생님이 가르쳐 준 기법을 따라 하면서 연신 환호성을 질렀어요. 남은 시간에는 기억하고 싶은 추억을 그림으로 그렸어요.

은빈이는 화가 체험을 즐기며 화가라는 꿈에 한 걸음 다가선

느낌을 받았어요. 좋아하는 것과 잘하는 것이 같아서 다행이라고 생각하며 사람들에게 희망을 주는 그림을 그리겠다고 다짐했답니다.

⌛ 미래
홀로그래피 전문가 >>> 영상에 빠지다

은빈이는 스마트 도시의 홀로그래피 전문가 체험관에 도착했어요. 체험관은 무대와 객석으로 꾸며진 공연장이었어요.

"안녕, 난 홀로그래피 전문가 양 선생이야."

멋진 의상을 입은 선생님이 분신술을 부린 것처럼 홀로그램으로 무대 중앙에 이어 사방에서 나타났어요. 은빈이는 누구와 눈을 맞춰야 할지 난감했어요.

"로봇 걸 그룹인 레드와인의 홀로그램 공연이 시작될 거야. 공연 보고 다시 만나자."

그러자 무대에 로봇 걸 그룹이 등장했어요. 영상인지 실제 모

습인지 헷갈릴 만큼 멋진 공연이었어요. 레드와인은 노래를 마치고 윙크를 보내면서 스르륵 사라졌어요.

"공연은 즐거웠니?"

무대에 선생님이 나타났어요.

"레드와인이 실제로 존재하는 그룹인가요?"

"후훗, 레드와인의 정체가 궁금하구나."

레드와인은 걸 그룹으로 제작된 로봇이라고 했어요. 인형처럼 생긴 레드와인의 폭발적인 인기 덕분에 홀로그래피와 가상 현실을 이용한 공연을 어디에서든지 즐길 수 있다고요.

'마치 실물의 레드와인을 보는 듯했는데 이것이 홀로그래피를 이용한 영상이라니.'

미래 기술에 놀란 은빈이에게 선생님이 물었어요.

"은빈이는 최고의 영상이 어떤 것이라 생각하니?"

은빈이가 머뭇거리자 선생님이 웃으며 말했어요. 재미있는 영상이나 감동 넘치는 영상, 3D나 4D를 활용한 현실감 넘치는 영상이라도 사람들이 원하는 건 딱 하나래요.

"사람들이 원하는 건 현실과 가장 흡사한 영상이야. 최대한 현실과 똑같은 영상을 만들려는 사람들이 홀로그래피 전문가란다.

이들은 모니터에서만 볼 수 있었던 가상 세계를 현실로 불러와 구현해."

 은빈이를 위해 선생님이 홀로그램을 설명했어요.

 "우리가 물체를 볼 수 있는 것은 빛이 있기 때문이야. 빛이 가진 고유한 특성 중의 하나가 빛의 간섭인데 두 가지 이상의 빛이 동시에 만나면 서로 간섭을 하게 돼. 홀로그램은 빛의 간섭 현상을 이용해 3차원으로 나타낸 입체 영상을 말하는 거야."

 선생님은 홀로그래피에 대해서도 설명했어요. 홀로그래피는 홀로그램을 만드는 기술이라고요. 레이저를 통해 빛의 파동을 기록하고 저장해 3차원으로 재현하기 때문에 마치 눈앞에서 보는 듯한 느낌을 받을 수 있대요.

 "홀로그래피를 이용하면 해외 미술관에 전시된 예술품들을 국내에서 실시간으로 관람할 수 있단다."

 "레드와인의 공연도 홀로그래피를 활용했기 때문에 가능한 거겠죠?"

 은빈이가 알은체를 했어요.

 "홀로그래피 전문가들은 홀로그램을 연구하고 개발해서 다양한 문화 콘텐츠를 만들어. 각종 전시에까지 이용할 수 있도록 끊임없이 연구 중이란다. 홀로그램을 이용한 홀로 라이브라는 것도 있는데 시간이나 날씨 등 생활에 필요한 정보들뿐만 아니라 모든 영상을 홀로그램으로 볼 수 있는 시스템이지."

 설명을 마친 선생님은 옆방으로 이동하자고 했어요. 옆방은 비어 있는 교실이었어요. 조명도 약간 어두웠고요. 선생님이 손뼉을 두 번 치자 허공에 하얀색 항아리가 보였어요.

 "앗, 저것은?"

 은빈이는 미술 시간에 조선 시대 양반들이 좋아했던 순백의 항아리라고 배웠던 기억을 떠올렸어요.

 "달항아리야."

 선생님이 말했어요.

 박물관이 아닌 체험관에서 만난 달항아리는 더 멋져 보였어요. 실물 크기의 달항아리를 만져 보고 싶은 마음에 손을 뻗었지만 잡히지 않았어요.

 선생님이 작은 기계를 은빈이에게 주었어요. 휴대 전화 절반 크기의 기계에는 노란색과 파란색 버튼이 있었어요.

 "노란색 버튼을 눌러 보렴."

 버튼을 누른 은빈이는 또 한 번 놀랐어요. 버튼을 누름과 동시에 화가 체험관에서 만났던 선생님이 홀로그램으로 나타났기 때문이에요.

"미래 체험은 잘하고 있지?"

선생님은 은빈이와 마주 보고 있는 듯 생생했어요.

"화가가 되든 홀로그래피 전문가가 되든 선생님은 은빈이의 꿈을 응원할 거야."

선생님이 은빈이에게 악수를 청했어요. 손을 맞잡을 수는 없었지만 은빈이는 선생님의 손에서 느껴지는 따뜻한 온기와 격려를 느낄 수 있었어요.

> **미래의 직업 탐구**

홀로그래피 전문가

홀로그래피 전문가는 미래 유망 디스플레이 기술인 홀로그램을 제작해 이를 의료, 건축, 오락, 공업 등 다양한 분야에서 이용할 수 있도록 연구하고 개발하는 직업이에요. 영화 마이너리티 리포트나 아이언맨에서 볼 수 있는 것처럼 홀로그래피 기술은 실생활에 무궁무진하게 사용될 수 있어요.

홀로그래피 전문가가 되기 위해서는 홀로그래피를 전문적으로 배워야 해요. 전기, 전자 공학 분야도 공부하면 좋아요. 컴퓨터를 잘 사용할 줄 알아야 하며 분석력과 섬세함도 필요해요.

유사 직업

증강 현실 개발자
증강 현실(AR) 콘텐츠를 개발하고 관리하는 일을 하는 사람을 증강 현실 개발자라고 해요.

실감 영상 플랫폼 개발자
실제와 가까운 영상을 보여 주기 위해 3D, 4D, 아이맥스 등으로 영상을 볼 수 있도록 기반을 다지고 구현하는 사람이에요.

가상 현실 전문가

가상 세계를 실제 세계처럼 느끼도록 3차원 공간을 개발하고 디자인하는 일을 해요.

가상 현실과 증강 현실

VR 게임을 해 본 적 있나요? 가상 현실(Virtual Reality)은 어떤 특정한 환경이나 상황을 컴퓨터로 구성해 사용자가 마치 실제처럼 느끼도록 만드는 것을 말해요. 탱크나 항공기의 조종법을 훈련할 때, 게임, 가구 배치나 설계 등에 사용되지요.

증강 현실(Augmented Reality)은 현실 세계에 가상 정보를 더해 보여 주는 기술이에요. 증강 현실을 적용한 포켓몬을 잡는 게임이 등장해 한때 인기를 누렸죠. 현재 증강 현실은 실생활뿐 아니라 다양한 분야에서 적용되고 있어요.

4 사관 〉〉〉 기자 〉〉〉 디지털 고고학자

⏳ **과거**

사관 〉〉〉 임금의 말을 기록하다

　태종 임금은 사냥을 즐겼어요. 일주일에 서너 번 이상 숲을 누비다 보니 신하들의 불만이 대단했지요. 특히 임금의 말과 행동을 기록하는 사관들에게 사냥터는 피하고 싶은 곳 중 하나였어요. 화살을 피해 달리며 임금을 쫓아다녀야 하는 일이 여간 고된 게 아니었거든요.

　태종 임금은 사냥터에 사관이 따라오지 못하게 했어요. 사관들이 흉이 될 만한 일까지 기록할까 걱정되었기 때문이에요. 그러나 사관 민인생에게는 임금의 명령도 통하질 않았어요.

　그러던 어느 날 노루를 쫓아 활시위를 당기던 태종 임금이 말에서 떨어지고 말았어요. 태종 임금은 신하들의 부축을 받으며 일어서던 중 달려오는 민인생을 보았어요. 임금은 사관은 모르게

우리 생활을 아름답게 207

하라고 명령했어요. 자신이 말에서 떨어진 것을 실록에 기록하고 싶지 않았던 거예요.

그러나 민인생은 태종 임금과 신하들의 말을 듣지 않고 기록으로 남겼어요. '왕이 말에서 떨어지고는 이 일을 사관이 모르게 하라고 말씀하셨다.'라고 말이죠.

이 일이 있은 후 신하들은 태종 임금에게 사냥과 연회를 그치고 경연을 자주 열기를 간청했어요. 태종 임금은 신하들이 자꾸 사냥과 연회를 멈춰야 한다고 하자 짜증이 났어요.

"허허, 사관이 기록하고 있질 않소. 그만들 하시오."

그리고는 민인생에게 방금 신하들과 나눈 말들을 지우라고 명했어요.

"전하, 아무리 전하라 하더라도 사관이 적은 사초를 지우라 명할 수는 없습니다. 사초란 한 치의 거짓이 없어야 함을 원칙으로 한다는 것을 아시질 않습니까?"

민인생은 임금이 경연을 게을리하는 것도 기록에 남겨야 한다고 생각했어요. 오늘의 기록을 거울삼아 내일을 설계할 수 있어야 하고, 이것을 바탕으로 후세들이 옳고 그름을 판단할 거라고 생각했기 때문이에요.

과거의 **직업 탐구**

사관은 왕실의 일을 기록하던 관리였어요. 조선 시대 최고 권력자인 왕의 말과 행동뿐 아니라 관리들에 대한 평가와 주요 사건, 사고 등 당시 일어난 일을 후대에 남기기 위해 있는 그대로 기록했어요.
왕이 있는 곳이라면 어디든 가서 왕의 말과 행동을 기록했지요. 사관이 있어서 왕과 신하가 은밀히 만나 정사를 논할 수 없었기에 열린 정치가 가능했고 왕과 대신들의 부적절한 권력 남용과 부패도 방지할 수 있었어요.

현재

기자 >>> 사건 사고를 전달하다

"우리 아빠는 방송 기자예요. 일찍 출근하고 늦게 퇴근해서 바쁘지만 뉴스에 나오는 아빠가 무척 대단해 보여요. 엄마는 아빠 기사가 제일 좋대요. 어려운 단어 대신 쉬운 표현을 쓴다고요. 아빠처럼 멋진 기자가 되고 싶어요."

지해가 기자 체험관을 찾은 이유를 말했어요. 선생님은 기자는 발로 뛰는 사람이라며 도서관에 가서 도서관 이용의 장단점에 대해 아이들의 목소리를 들어 보자고 했어요. 도서관에 도착한 지해는 선생님을 졸졸 따라다녔어요. 선생님이 휴게실로 자리를 옮기며 기삿거리를 찾았는지 물었어요.

"선생님이 찾는 거 아니었어요?"

"체험은 지해가 하는 거야. 오늘 체험은 현장 취재야. 사람들을 대신해 현장의 목소리를 전달하는 것이 언론의 역할이거든. 취재할 때는 기자의 소속을 밝히고 취재원의 안전을 보장한다는 신뢰를 심어 줘야 해."

지해는 주위를 두리번거렸어요. 도서관을 나오는 몇몇 아이들이 있었지만 쉽게 다가가지 못했어요. 쑥스럽기도 했고 '취재를 거절하면 어쩌지?'라는 생각이 컸기 때문이에요.

지해는 마음을 다잡고 자신보다 어려 보이는 아이에게 말을 걸었어요.

"기자 체험을 하고 있는 이지해라고 해. 도서관을 이용하면서 좋았던 점이나 고쳤으면 하는 점에 대해 말해 줄 수 있니?"

질문을 받은 아이가 "책이 많아 좋긴 한데 좀 시끄러워요."라고 말하고는 휙 가 버렸어요. 지해만큼이나 아이도 쑥스러운 것 같았어요.

여러 번의 취재로 아이들의 반응을 살필 수 있었어요. 한 여학생의 말이 제일 기억에 남았어요.

"어린이실은 유아와 초등학생이 함께 이용하잖아요. 엄마들도 있고요. 엄마들이 아이에게 책을 읽어 주는 것이 시끄럽게 느껴질 때가 있어요. 물론 작은 소리로 읽어 주긴 하지만 그런 소리들이 책 읽을 때 방해가 돼요. 그래서 어린이실과 유아실을 분리해 줬으면 좋겠어요."

지해는 취재 내용을 기사로 작성하기 위해 휴게실로 자리를 옮겼어요.

기사를 어떻게 써야 할지 난감해하는 지해에게 선생님이 말했어요. 기사의 생명은 사실을 있는 그대로 보도하는 거라고요. 기자도 사람인지라 억울하고 분한 일을 접하면 화나고 속상하지만 흥분하거나 한쪽 편을 들면 절대 안 된다고요. 기사에 감정이 개입되는 순간 기사는 가치를 잃게 된다고 했어요.

"기사는 6하 원칙을 기준으로 '누가, 언제, 어디서, 무엇을, 왜, 어떻게'에 따라 명확하게 써야 해."

기사를 겨우 작성한 지해는 기자들이 대단해 보였어요. 체험관을 나선 지해는 자신이 작성한 기사를 휴대 전화 카메라로 찍어 아빠에게 전송하며 문자를 보냈어요.

"아빠, 내가 쓴 첫 기사야. 잘했지?"

⏳ 미래
디지털 고고학자 >>> 첨단 과학을 만나다

'탐사봇과 함께 아차산으로 오렴. 디지털 고고학자 손 박사.'

지해는 쪽지를 전해 준 탐사봇과 함께 플라잉 카를 타고 아차산으로 향했어요.

지해는 탐사봇의 안내에 따라 차에서 내려 산길을 올랐어요. 한참을 오르던 지해가 숨을 고르기 위해 멈췄을 때 저만치 앞에서 청소기 비슷한 것을 들고 있는 남자가 보였어요.

"많은 유물을 찾아낸 손 박사님이에요."

박사님을 소개한 탐사봇은 차로 돌아갔어요.

"현장으로 오라고 해서 미안하구나. 힘들진 않았니?"

박사님은 역사의 현장을 방문해 줘서 고맙다는 말도 잊지 않았어요.

'역사의 현장이라. 여기에 뭐가 있다고?'

아무리 둘러봐도 눈에 들어오는 건 산뿐이었어요.

"눈을 감고 들어 봐, 고구려 장수들의 함성이 들리지 않니?"

지해는 알 수 없는 소리만 하는 박사님을 향해 말했어요.

"박사님 눈에만 보이고 박사님 귀에만 들리는 건 아닐까요?"

"과연 그럴까?"

박사님은 지해를 푸른 깃발이 있는 곳으로 데려가서 들고 있던 기계를 내밀었어요. 박사님은 이 지력 계측기가 놀라운 것을 보게 해 줄 거라며 받으라고 했어요. 지해는 지력 계측기를 받아 박사님이 알려 준 대로 깃발이 꽂혀 있는 땅에 대 보았어요.

"어? 이게 뭐예요?"

지력 계측기 모니터로 깨진 그릇들이 보였어요. 박사님은 백제와 고구려 사람들이 사용했던 그릇이라고 했어요.

"정말요? 누가 갖다 놓은 건 아닐까요? 아니 그런데 어떻게 땅속에 있는 것을 볼 수 있는 거예요?"

"진짜 유물이야. 땅속을 볼 수 있는 것은 지력 계측기 때문이란다. 예전에는 땅속 유물을 오랜 시간 공들여 찾아야 했지만 요즘은 첨단 장비들이 많아 땅을 파지 않아도 위치를 알 수 있지."

그리고 아차산 일대는 백제의 땅이었으나 장수왕이 빼앗음으로써 고구려 유물도 출토되는 곳이라고 했어요.

"인근 몽촌토성에서 고구려 유물이 출토되기도 했고."

박사님의 말에 지해는 이렇게 물었어요.

"많은 유물이 나왔는데도 아직 땅속에 남아 있는 유물이 있는 거예요?"

"발굴된 곳보다 앞으로 발굴해야 할 곳이 더 많지."

빨리빨리 발굴하면 되지 않냐고 묻자 박사님이 말했어요. 발굴하기 전에 도시가 형성되어서 발굴해야 할 많은 유적이나 유물들이 도시 아래 묻혀 있다고요.

"그나마 다행이라면 고고학자들이 첨단 장비를 만났다는 거야. 예전에는 유물과 유적의 위치를 찾기 위해 많은 시간과 노력을 들였어. 하지만 요즘은 카메라와 센서, 통신 시스템까지 갖춘 인공 지능 드론을 활용하지."

"인공 지능 드론이요?"

"드론은 하늘을 날아다니며 폭풍이나 홍수와 같은 자연 재해

를 예측해. 멸종 위기 동물을 찾기도 하고 도시 이곳저곳을 비행하며 교통 체증과 사고, 화재, 고장 난 시설을 촬영해 전송하기도 하지. 디지털 고고학자들은 드론과 같은 첨단 장비와 빅데이터를 활용해 유물 발굴에 힘을 쏟고 있단다."

"디지털 고고학자요?"

"디지털 고고학자는 첨단 장비를 이용해 고고학 탐사와 연구 활동을 하고 고고학 연구에 필요한 첨단 장비 개발에 도움을 주는 사람이야."

지해는 지력 계측기도 첨단 장비냐고 물었어요.

"맞아, 인류의 달나라 여행을 실현시킨 우주 과학을 고고학 연구에 활용하기도 해. 위성의 원격 레이더 감지 장치를 통하면 유물이나 유적을 발굴하지 않고도 연구할 수 있어."

첨단 장비를 활용하면 산림으로 덮여 있거나 사막에 묻힌 곳, 우리나라의 비무장 지대도 연구할 수 있대요. 항공 디지털 장비들을 이용해서 발견된 유적들도 있다고 했어요.

"궁금한 게 있는데요, 아무리 좋은 장비를 갖췄다 하더라도 그것이 유물인지 아닌지 어떻게 알 수 있어요?"

지해의 질문에 박사님이 말했어요.

"그래서 디지털 고고학자는 역사 지식이 풍부해야 해."

지해가 유적과 유물을 발굴하는 이유를 묻자 박사님이 힘 있는 목소리로 말했어요. 과거, 즉 역사를 알아야 미래를 대비할 수 있다고요. 그래야 후손들이 좀 더 나은 환경에서 살 수 있다고 말이에요.

미래의 직업 탐구 — 디지털 고고학자

첨단 장비를 이용해 유적과 유물을 조사하고 조상들의 생활 모습과 문화를 연구해요. 유적과 유물의 디지털 복원 작업도 하고 고대 환경을 분석하여 현재 환경 대책을 수립하는 일도 하지요.

디지털 고고학자가 되려면 역사와 고고학을 공부해야 해요. 박물관과 유적지를 다니며 유적과 유물을 가까이 하면 좋겠지요. 야외에서 탐사하는 일이 많기 때문에 강인한 체력이 필요해요. 역사 지식을 바탕으로 한 통찰력과 분석력도 필요하지만 무엇보다 역사를 좋아해야겠지요?

유사 직업

문화재 보존 과학자
문화재를 후세에 계승하기 위해서는 손상된 문화재의 적절한 복구와 예방이 필요해요. 문화재 보존 과학자는 손상된 문화재를 원래 모습대로 오래 보존할 수 있도록 연구해요.

문화재 디지털 복원 전문가
유형 문화재와 무형 문화재를 디지털로 보존하고 복원해요. 현재 존재하는 문화유산부터 사라져 버린 문화유산까지 디지털화해 미래에 남기는 직업이에요.

종 복원 전문가

무분별한 개발과 환경 파괴로 인해 멸종 위기에 놓인 야생 동식물의 서식지를 보호하고 관리하는 사람들이에요. 이미 멸종한 동식물을 복원하기 위해 멸종 동식물의 유전자를 분석하기도 하지요.

드론

드론은 사람이 타지 않고 무선 전파의 유도에 의해서 움직이는 비행체를 말해요. 드론의 영어 표기인 'drone'은 '벌들이 윙윙대는 소리'라는 뜻이에요. 드론은 전쟁터에서 처음 사용되었는데 정보 수집과 공격, 정찰 임무를 수행했어요.

드론은 무인 배달 시스템을 시작으로 항공 촬영, 건설이나 농업 등 다양한 분야에 쓰이고 있어요. 농업에서는 물과 비료, 농약을 주거나 고화질의 카메라와 센서를 활용해 농작물의 상태를 실시간으로 지켜볼 수 있도록 해 줘요.

* **참고 도서**

고정민, 『미래 유망 직업 콘서트』, 꿈결, 2015
손을춘, 『4차 산업혁명은 일자리를 어떻게 바꾸는가』, 을유문화사, 2018
나동현, 『대도서관 잡(JOB) 쇼』, 드림리치, 2017
김민령, 『옛날 직업 납시오!』, 아르볼, 2014
이영민, 『사라지거나 달라진 우리 옛 직업』, 주니어RHK, 2012
박근영, 『어린이 지식 e 직업 멘토』 시리즈, 지식플러스, 2015
한국고용정보원, 『역사 속 직업 이야기』, 진한엠앤비, 2016
박영숙, 제롬 글렌, 『세계미래보고서 2055』, 비즈니스북스, 2017
최윤식, 『최윤식의 주니어 미래준비학교 미래로봇』, 지식노마드, 2017
서울산업진흥원 신직업인재센터, 『미래를 여는 새로운 직업 1, 2』, 서울산업진흥원, 2018